なぜなにコリア

呉華順
Oh Hwa-Sun

共同通信社

なぜなにコリア

目次

第1章

住んで、見て、感じた韓国

第2章 結婚、出産、子育て…これが韓国の常識

第3章 美容にまつわるエトセトラ

第4章 バラエティー豊富な韓国を食す

第5章 学歴大国韓国の教育事情

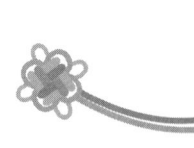

column

私が出会った芸能人

マイ・ランキング

ブックデザイン・池田紀久江
イラストレーション・李　智善

第1章

住んで、見て、感じた韓国

人間関係の第一歩は
お互いの呼び名から

韓国ではお互いをどう呼び合っているかによって、親密度やさらには年齢の上下関係まですぐにわかってしまう。まず、最も一般的なのが、○○씨（シ／氏）と呼ぶ、日本語の「さん」に当たる呼び方。初対面の人や、仕事上での付き合いの人を呼ぶ場合に多く使われる。つまりこの段階ではまだ二人の間に距離があるのだが、一番楽な呼び方といってもいいであろう。ただし、人の名前にこの씨を付ける場合、ある法則がある。必ずフルネームか、ファーストネームの後に付けなければいけないのだ。例えば、「冬のソナタ」の、

ペ・ヨンジュン扮《ふん》するカン・ジュンサンにこの씨を付けて呼ぶとする。その場合、カン・ジュンサン씨、またはチュンサン씨となるわけだ。日本のように名字にだけ付けて、カン씨などと呼ぶと非常に失礼にあたり、韓国人は気分を害してしまうので、要注意！　ミニョンも最初は、ユジン（チェ・ジウ扮）をチョン・ユジン씨と呼んでいる。

さらにもう一つ、目上の人に対してこの씨を付けるのもタブー。上下関係のはっきりしている韓国では、名前の呼び方一つを取っても気を付けなければならない。おそらく年上であるのだろうが、どう呼べばいいのかわからないときなど、迷ったときに便利なのが、선생님（ソンセンニム／先生）。学校や病院の先生などももちろんこのソンセンニムだが、とりあえず誰にでもソンセンニムと呼んでおくと、相手が気を悪くすることもなく無難だ。そんなことから、韓国では至る所に何の先生だかわからない先生が存在する。つまり「先生」が日本語の「さん」の代わりになっているのだ。ここから少し関係が進展して親しくなると、ファーストネームに이（イ）や아（ア）を付けて呼び合う。これが、日本語の

「ちゃん」や「君」に相当する。日本のように男女の区別は特にない。同い年の友達、または年下に対して親しみを込めて呼ぶ呼び方だ。이と야は、ほぼ同格と言えるが、이よりも야のほうが、より親しみがこもっていて、より近い関係にあるという印象を与える。例えば親が子供を呼ぶときや、本当に仲のいい友達同士で呼び合うときは、야をよく使う。チョン・ユジンの場合、유진＝ＹＵＪＩＮ＋Ａ（아）で、読み方はユジナとなる。先ほどのチュンサンの場合、준상＝ＪＵＮＳＡＮＧとなるが、＋Ａ（아）でチュンサンガとはならず、Ｇで終わる場合はチュンサンアのように、アの音がそのまま残る。이を付けて呼ぶ場合も同様に、それぞれユジニ、チュンサンイとなる。

이と야の使い方にもルールがある。目上の人に使えないのは씨の場合と同じだが、이と야で使い方が違うのは、이は本人に呼び掛ける場合と、第三者の話をする場合の両方に使えるのに対し、야は本人に呼び掛ける場合にしか使えない。どういうことかというと、ユジンとチュンサンがサンヒョクについて話しているとする。この場合二人は「サンヒョガ

が…」ではなく、「サンヒョギが…」と言わなければならないのだ。いずれにしても이や아で呼び合うというのは、それだけ関係が近いということの表れ。いつまでも距離を置いて付き合いたい人には씨を付けて呼ぶことをお勧めする。

このほか前述した、年齢の上下が即座にわかってしまう呼び方もある。언니（オンニ）、누나（ヌナ）、오빠（オッパ）、형（ヒョン）などがそれだ。オンニとヌナはいずれも日本語の「お姉さん」に当たるが、オンニは女性同士、ヌナは男性が年上の女性を呼ぶときに使う。同じように、「お兄さん」に当たるオッパ、ヒョンも、オッパは女性が男性を呼ぶとき、ヒョンは男性同士といった具合に、呼び方がはっきり分かれている。韓国では学生のころはもちろん、社会に出て会社などで出会った先輩のことも、親しくなるとオンニ、ヌナ、オッパ、ヒョンなどと呼ぶ。ユジンや男性の同僚が、会社の先輩チョンアを呼ぶときもそれぞれオンニ、ヌナと呼んでいる。だから、周りから見てもどっちが年上なのかすぐにわかってしまうのだ。

クォン・サンウとグォン・サンウ どっちが本当？

韓国人の名前の日本語表記は難しい。韓流ブームを受け多くの韓国人名がマスコミに登場するようになったが、同一人物なのに表記が違うなど、韓国の人名表記にはまだ統一されたルールがなく混乱した状況が続いている。例えば、クォン・サンウとグォン・サンウ、「ホテリアー」のソン・ユナとソン・ユンアなどがそうだ。

表記が混乱する理由の一つは、まず日本語の濁音にある。日本人の耳には「カ」と「ガ」では確実に違う音に聞こえるが、実は韓国人が最も苦手なのがこの日本語のカ行と

ガ行、タ行とダ行といった清音と濁音の区別なのだ。例えば「カ／ガ」の音を表すとき、韓国語では「가」と表記してカに近い音になる場合もあればガに近い音になることもある。日本語のように文字表記の段階で厳密に区別するのではなく、同じ文字を使いながら無意識に清音と濁音を言い分けているのである。大まかに言うと、単語の語頭にくるとカ、語中にくるとガになると思えばいい。例えば「가（行く）」という単語がある。これは「가」が一文字（語頭）なので発音はカになる。だがこの「가」の前に否定を表す「안（アン）」を付けて「안가（行かない）」にすると語頭ではないのでアン・ガとなる。

これらのことを踏まえると、「冬のソナタ」でペ・ヨンジュン扮する강준상（カン・ジュンサン）のカタカナ表記のなぞが解ける。チュンサンとジュンサンの二通りで表記されることがあるのはなぜか？　NHKは、フルネームのときはカン・ジュンサンのように濁音になり、名前だけのときはチュンサンとしている。ここで注目すべき文字が「준상」の「ㅈ」。「ㅈ」は「C／J」を表す子音である。つまりフルネームで강준상にすると「ㅈ」

が語中にくるから濁音のJとなりジュンサン、姓を付けずに名前だけだと준상で「ㅈ」が語頭にくるから濁らずCのままチュンサンとなる。

NHKではこの「語頭、語中」のルールを用いているようだが、これに沿わない表記をしているところもある。一部マスコミでは권상우をグォン・サンウと表記しており、ほかのマスコミの表記と違っている。前出ルールに従うならクォン・サンウがしっくりくるし、濁る可能性のある音をすべて濁音で表記すれば、ペ・ヨンジュンはベ・ヨンジュン、キム・テヒはギム・テヒ、チャン・ドンゴンはジャン・ドンゴンと表記することになる。だが前述の通り、日本人にとってはこの発音の変化は明確だが、当の韓国人は無意識のうちに変えていて、しかも微妙な違いなので区別がつきにくいようだ。特に半濁音の「パ行」と濁音の「バ行」となるとお手上げのよう。ペ・ヨンジュンのペをイニシャルにすると日本語の感覚ではPにしたいところだが、実際はBae Yong-JoonとBで始まる。韓国人にとってはどちらもさほど違いがないのだ。

　また日本でのカタカナ表記の混乱を招いたもう一つの大きな理由は、日本語と韓国語の文字の仕組みの違いにある。日本語の文字は必ず母音（AIUEO）で終わるのに対し、韓国語の文字は子音で終わることがある。先ほどの「가」を例にすると、左の「ㄱ」が「K／G」という子音を表し、「ㅏ」がAという母音を表す。この子音と母音が組み合わさってKAという一つの音になるのだが、韓国語には「각」という文字も存在する。左側と下についている「ㄱ」は同じKを表すのでアルファベットに置き換えると「KAK」となりこの子音＋母音＋子音の組み合わせで一つの文字を形成している。これを子音で終わることのない日本語で表記しなければならないから、カタカナ表記が混乱してしまうのだ。そしてさらに「각」のように子音で終わる文字の次にくる文字は濁らないという暗黙の規則も存在する。仮に「각가」という単語があるとすると、最初の説明にのっとると2文字目の「가」は語中なのでガになるはずだが、「가」の前に「각」という子音で終わる文字が来ているのでカッガではなくカッカとなる。したがって、ピ（これもPiなのかBiなのか

…）のプロデューサーだった박진영はアルファベットにするとPark Jin-Yongだが「パク・ジニョン」とは発音されず、Ｊの音が濁らずに「パク・チニョン」になる。

次に、ソン・ユナとソン・ユンアのような表記の違いについて。これは連音という音の移動によって起こる発音の変化を理解すれば簡単だ。例えば、「冬ソナ」のミニョンさんの名前이민영をアルファベットにするとLee Min-Yongとなり、これを一文字ずつ読むと「イ」「ミン」「ヨン」だが、韓国語では発音をスムーズにするためLee Mi-NYongのようにNとYongを同時に発音して「ミニョン」と発音する。韓国で「ミンヨン」と発音するのはスペルをはっきりさせるときぐらいである。송윤아（ソン・ユナ）にも同じことが言え、一文字ずつにするとSong Yun-Aとなる。これを「ユン」と「ア」で切るのではなく、Ｎを後ろのAに付けてYu-NA「ユナ」と読むのが一般的。この辺りの日本語表記の仕方がまだ確立されていないので、ユナ、ユンア両方の表記が混在するのだ。音の少ない日本語で外国語表記をするので、全く同じ音を表記するというのはなかなか難しいようである。

兄弟、姉妹の名前が似ているのはドラマの中だけ？

韓国ドラマを見ていると、兄弟や姉妹の名前の一部が同じである場合が多い。それには実は、行列字（韓国語でトルリムチャ＝回し字）、という韓国特有の文化的背景がある。

韓国では、一族の系譜を分厚い冊子にまとめた族譜と呼ばれるものを各家庭で所蔵している。その族譜には始祖から現代に至るまでの名前が全て記載されており、その名前のほとんどに、先の行列字が用いられている。

行列字とは、同じ一族の、同じ世代の人の名前に共通して付けられる一字のことで、そ

の定め方は陰陽五行説にのっとることが多い。つまり、「木・火・土・金・水」の五行説に基づき、最初の代で「木」を含む字を行列字としたら、次の代は「火」を含む字を、そのまた次の代は「土」を含む字を、といった具合に代から代へと、順番に付けていくのである。それによって、一族での代の上下関係が一目瞭然となるのだ。現在では必ずしも陰陽五行説にのっとって名前を付けるわけではないが、同じ家庭の子供に同じ字を付ける習慣は多く残っている。ドラマで兄弟、姉妹の名前が似ているのも、この風習の表れである。

韓国人の名前も時代によって、はやりすたりがある。二〇〇六年に誕生した子供の名前を調査したところ、男の子は민준（ミンジュン）、女の子は서연（ソヨン）がそれぞれ一位を占めた。どちらも二〇〇四年以降、三年連続の一位だそうだ。ミンジュンというと「チェオクの剣」のキム・ミンジュンが思い浮かぶが、なるほど、男らしく洗練されたイメージがある。ソヨンも現代的でおしゃれで、ここ数年、서（ソ）の字が人気だ。

終戦の年、一九四五年は、男子は영수（ヨンス）、영호（ヨンホ）など、ヨンの字を付

けることが多く、女子には영자（ヨンジャ）、정자（チョンジャ）などジャの付く名前が多かったそうだ。ヨンは栄、永などの漢字なので、解放後、栄えるように、長生きするようになどの意味が込められていた。女の子のジャは漢字では子だが、これは日本名の影響で、現在は古い名前の代表となってしまった。私の名前の一字でもある〝スン〟というのもジャとほぼ同類扱いだ。しかし二〇〇五年はスンの付く名前が脚光を浴びた年でもあった。ドラマ「私の名前はキム・サムスン」「がんばれ！クムスン」の大ヒットで、にわかに再流行の兆しが…と期待したのだが、ドラマの終了と共にすっかり影を潜めている。

その後女の子の名前で五〇年代、六〇年代に流行したのが숙（スク／淑）、희（ヒ／姫）、애（エ／愛）などだ。だがこれも、もう何年も前から見向きもされなくなっている。八〇～九〇年代には、보라（ポラ）、한별（ハンビョル）など、漢字を持たないハングルの名前がはやった。最近は男女共に中性的で、漢字を持ちながらハングルだけのような響きを持つ名前が歓迎されている。時代の変化とともに名前もおしゃれになってきているのだ。

バリエーション豊富な親族の呼び方
年齢と男女の区別がしっかり

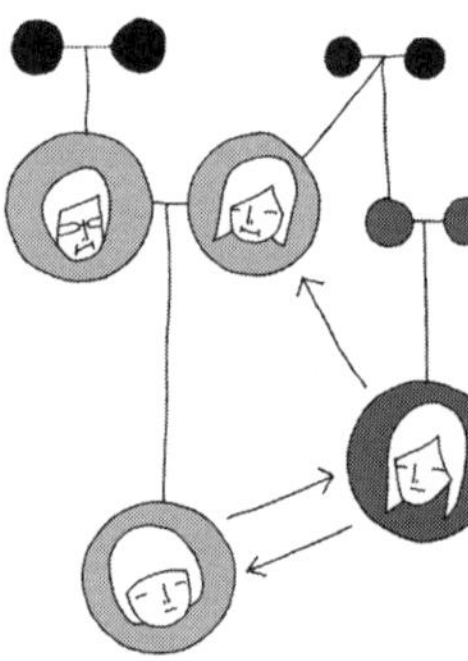

韓国ではお互いの名前の呼び方でその関係がある程度わかるという話を紹介したが、それは親族間の呼称においてもいえる。韓国は日本より親族間での呼び名のバリエーションが豊富なのだ。

まずは両親から。父親のことを아버지（アボジ）というのが一般的で、これは日本語のお父さん。同じお父さんでも、親近感を与えるのが아빠（アッパ）。これは日本のパパと似ている。お母さんに該当するのが어머니（オモニ）。ママが엄마（オンマ）。日本で大人

が他人に両親のことを話すとき、「うちのパパとママ」と言うと笑われるように、韓国でもその感覚は似ている。人前ではやはりアボジ、オモニと言うのが無難であろう。

次に祖父母だが、ここから父方と母方とで呼び名が変わってくる。祖父母本人に呼び掛けるときはおじいちゃんは할아버지（ハラボジ）、おばあちゃんは할머니（ハルモニ）と呼べばいいのだが、父方の祖父母、母方の祖父母ということを伝える場合に使う言葉もある。上に친（チン／親）を付けて친할아버지／친할머니（チナラボジ／チナルモニ）とすると、父方を指す。これに対して외（ウェ／外）を付けて외할아버지／외할머니（ウェハラボジ／ウェハルモニ）とすると母方になる。母親の実家をウェガ（外家）ともいい、内である父方の家系に対して、母方の家系を外とみなしているのであろう。

続いては両親の兄弟、姉妹でおじとおば。この場合、父方と母方で全く異なる。まず父の兄弟から見ていくと、父の兄を큰아버지（クナボジ）、父の弟を작은아버지（チャグナボジ）と呼ぶ。これは前出のアボジに似ているが、アボジの前の큰（クン）、작은（チャ

グン）というのはそれぞれ大きい、小さいを意味する。つまり、大きいお父さん、小さいお父さんとなる。父方の姉妹に関しては一様に고모（コモ）となる。母方の場合、母の男兄弟は皆외삼촌（ウェサムチョン、韓国人はウェサムチュンと発音している人が多い）、姉妹を이모（イモ）と呼ぶ。父方母方共に第三者に話すときも同じ言葉が使われる。

兄弟の呼び方だが、自分より上の人を呼ぶ場合は自分が男か女かによって異なる。自分が男の場合の兄と姉の呼び方は、それぞれ형（ヒョン）、누나（ヌナ）。自分が女の場合は오빠（オッパ）、언니（オンニ）となる。妹弟のことは両方とも동생（トンセン）というが、これだけでは男女の区別がつかない。性別をはっきりさせたい場合は妹を여동생（ヨ〈女〉ドンセン）、弟を남동생（ナム〈男〉ドンセン）と言えばいい。ただし、妹弟本人を呼ぶときは日本と同じように名前で呼ぶ。こういった呼び方は本当の兄弟、姉妹でなくてもよく使われている。例えば自分が女である場合、（ぺ）ヨンジュンオッパ、（チェ）ジウオンニなどと呼ぶと、相手との距離がぐっと近く感じられるのだ。また韓国ではよく「彼

とはヒョン・トンセンの仲です」と話しているのを耳にするが、これはつまり本当の兄弟のように仲が良いという意味になる。最後に、いとことおい、めいだが、いとこは사촌(サチョン)、おいとめいは조카(チョッカ)となる。これは特に男女の区別なく使う。

ここまでくるとこれから韓国語を学ぼうと思っている人、あるいは習い始めている人のため息が聞こえてきそうだ。だがこれはまだ序の口。ここにそれぞれの配偶者などが加わると、相当心して掛からないと外国人にはお手上げだろう。しかし一度覚えてしまうと、長々とした説明がいらず結構便利でもある。日本語字幕で韓国ドラマを見ていても、原語でコモ、イモなどと聞こえてくるとすぐに父方なのか母方なのか理解できたりもする。

ここで気を付けたいのがイモの存在だ。イモと言っているからといって「お母さんの姉妹ね」と早合点すると、実は全く赤の他人だったりもする。韓国人は仲の良いおばさん、特に母親の友達のことを親戚《しんせき》同様にイモと呼んでしまうことが多い。先ほどのヒョン・トンセンのように誰でも親戚にしてしまうのだ。そこがまた韓国の魅力でもあるのだ。

夫の父
シアボジ
시아버지
夫の母
シオモニ
시어머니
夫の兄
アジュボニム
아주버님
夫の姉
ヒョンニム
형님
夫の弟(既婚)
ソバンニム
서방님
夫の弟(未婚)
トリョンニム
도련님
夫の妹
アガシ
아가씨
夫
ナムピョン
남편
母方
祖父
ウェハラボジ
외할아버지
祖母
ウェハルモニ
외할머니
伯父(叔父)
ウェサムチョン
외삼촌
伯母(叔母)
イモ
이모
母方のおじ・おばは年令の上下は関係ない
(お母さん) 母 (ママ)
オモニ
어머니
オンマ
엄마
本人
妹
ヨドンセン
여동생
弟
ナムドンセン
남동생

親族と姻族の呼び方
父方
祖父
チナラボジ
친할아버지
祖母
チナルモニ
친할머니
伯父の妻
スンモ
숙모
伯父
クナボジ
큰아버지
伯母
コモ
고모
叔父
チャグナボジ
작은아버지
叔母
コモ
고모
いとこ
サチョン
사 촌
(お父さん) 父 (パパ)
アボジ
아버지
アッパ
아빠
自分が男のとき 兄 自分が女のとき
ヒョン
형
オッパ
오빠
自分が男のとき 姉 自分が女のとき
ヌナ
누나
オンニ
언니

結婚生活には必至
名前のほかにもう一つの呼び名

韓国では親戚《しんせき》同士の呼び方が複雑だ。結婚した後は親戚が増えた分呼称が増え、いろんな呼び方が飛び交う。日本のように〝義理の○○〟で済まされないので、その呼び方を覚えるのも一苦労だ。義理の親戚同士ではファーストネームをやたらと呼んではいけないので、名前を呼び合っている姿はあまり見掛けず、特にドラマではそうだ。ここでは中・上級者用に姻戚関係における呼び方を紹介する。

自分を女性とし、結婚した場合。舅《しゅうと》、姑《しゅうとめ》に該当する言葉はそれぞれ시아버지（シアボ

ジ）、시어머니（シオモニ）だ。夫の兄は아주버니（アジュボニ）で、本人を呼ぶときは아주버님（アジュボニム）。弟は、結婚しているかどうかによって違う。既婚の弟のことは서방님（ソバンニム）、未婚の場合は도련님（トリョンニム）。夫の女兄弟、つまり小姑のことは시누이（シヌイ）と言うが、夫の姉の場合は형님（ヒョンニム）、妹の場合は아가씨（アガシ）と呼ぶ。ヒョンニムというと、普通は男性が年上の男性を呼ぶときの「お兄さん」という意味で使われるが、夫の姉、または夫の兄嫁を指すこともあり、この場合は「お姉さん」に変わる。また、嫁同士（相嫁）を동서（トンソ）といい、兄嫁は弟の嫁をトンソと呼ぶ。姉妹の夫同士（相婿）もトンソになる。

次に韓ドラによく登場する言葉。弟が姉の夫を呼ぶときは자형（チャヒョン／姉兄）だが、ドラマなどでは매형（メヒョン／妹兄）と呼んでいる人が多い。妹が姉の夫を呼ぶときは형부（ヒョンブ）。弟から見た兄嫁は형수（ヒョンス）で実際に呼ぶときは형수님（ヒョンスニム）とすることが多い。これで、いつ韓国の家庭にお嫁に行っても安心だ！

こんなに違う、敬語の使い方
「ご両親さまはいらっしゃいません」

「最近の若者は礼儀をわきまえない。言葉が乱れている」。年配の人から見た若者像は、いつの時代も万国共通のようだ。韓国の中高年が若者のことをこう言っているのをよく耳にする。韓国でも昔に比べ、年上を敬う精神がかなり失われつつあるといわれているが、一方でそれをしっかり守ろうとする若者の存在がある。そのバランスによって社会秩序が守られているのだ。その社会秩序維持に一役買っているのが、敬語の存在ではないだろうか。韓国のある国語研究者は、この敬語こそが一番の美徳だと語っていた。

韓国ドラマには財閥の御曹司がよく登場するが、彼らと両親の会話を聞いていると、息子は必ず両親に敬語を使っている。やはりセレブは違う、と思ってしまいそうだが、庶民の家庭でも同じような光景が見られる。両親はもちろん、しつけのいい家庭では姉や兄にまで敬語を使っている。これはドラマの中だけでなく、実生活においてもそれほど変わらないのだ。私の友人の中に、普段友達同士の会話では口が悪く、スラングを連発する男性がいる。あるときその彼が、携帯電話の電話口で背筋を伸ばし、多少緊張した面持ちで「はい。はい。わかりました」と言っていた。そんな彼の姿を見たのは初めてだったので、取引先の人かと思ったら、相手はお母さんだったと言う。彼は御曹司でもなく、ごく平凡な家庭の息子だ。後で気付くと、両親との電話のときが一番緊張しているように見えるのは、韓国ではよくあることだった。ただこれは息子の場合が多く、母と娘との会話は日本の親子とあまり変わらず、敬語も使わず楽にしゃべっている。

さらに日本人にとってなじみがないのは、自分の両親のことを第三者に話すときの敬語の使い方だ。例えば、両親の言葉を伝える場合、日本語では「両親が～と言っています（申しています）」と言うのが一般的だ。だが、これでは韓国では常識のない人になってしまう。韓国では話の相手が誰であろうと「両親さまが～とおっしゃっています」と言うのが当たり前だ。韓国語では両親の「父母（プモ）」に〝さま〟の意味の「ニム」を付けて、「プモニム」となる。友達同士の会話でも、両親の話が出ると、当たり前に「おっしゃっている」という使い方がされる。日本語が母国語の人にとって、敬語の使い方で最も違和感を感じるのが、この家族への敬語だ。韓国で生活を始めて間もないころ、私もこの使い方に慣れず、なかなか「私の父母さま」と言えなかった。

この敬語の用法は、会社組織に入っても変わらない。例えば、社外の人に社内の人の留守を知らせる場合、日本ではそれが社長であろうと「〇〇は席を外しております」だが、韓国では「社長さまは席にいらっしゃいません」となる。日本と同じように言ってしまうと、一介の社員がなんて常識外れで態度が大きいのだ、と相手に思われてしまう。つまり両親であれ、上司であれ、自分にとって目上の人は対外的にもその地位は不動のもので、社会全体で認められる地位を意味する。その点が日本の、身内には敬語を使わずへりくだることで相手を尊重する文化との大きな違いだ。

韓国では社会的地位による上下関係だけでなく、年齢による上下関係も明確であることはよく知られている。面白いのは、これがケンカのときにも適用されていることだ。韓国では道端で大声でケンカをしている光景をよく見掛ける。すれ違いざまにケンカになった二人でも、年の差が歴然としている場合、年を取った方は興奮して乱暴な口調だが、若い方は興奮しながらも最初から最後までちゃんと敬語を使っている。そんな場面を見ると、はた迷惑だと思いつつも、どこかほほ笑ましくもある。

冒頭のように「最近の若者は電車でも席を譲らない」「年寄りを敬わない」という大人の声がよく聞こえてくるが、それでも敬語はまだまだ生活の中に息付いている。この〝敬語〟こそが社会秩序を保つ最後の砦《とりで》なのかもしれない。

韓流ブームの火付け役　ペ・ヨンジュン

韓流ブームを再燃させたソン・スンホン

今の日本の韓流ブームは、この人の存在なくしては語れない。ヨン様ことペ・ヨンジュンだ。彼とのインタビューは韓国語式に言うと「天の星をつかむようなもの」ほど難しいので、いくら韓国ドラマのライターをやっていても、直接インタビューできる機会はそうそう巡ってはこない。インタビューどころか、作品以外ではなかなかマスコミの前にも現れないので、実物の彼に会えるチャンスも非常に少ない。そんな中、いよいよチャンスが到来した。二〇〇五年に『四月の雪』のプロモーションで彼が来日したときのことだから、もう三年前になるが、韓国在住の私もたまたま日本に帰省中で、ペ・ヨンジュン上陸のうわさを耳にし、この機会にぜひ、拝んでおこうと記者会見に出向いたのだ。出向いたのはいいが、会見約十五分前に現場に到着した私は、目の前の光景にあ然としてしまった。プレスだけが入場が許されるはずなのに、会場となった千人以上収容のホールが埋め尽くされていたからだ。

韓流初期のころの、日本のマスコミの大物韓流スターへの取材合戦はし烈ではあったが、それでも二百～三百人の取材陣が集まれば多いほうだった。やはり元祖韓流スターへの関心は、けた外れだったのだ。場所取りのために二時間以上前から来ていた人もたくさんいたようだ。おかげで当てがわれた席は会場の一番後ろの一番外れ。ペ・ヨンジュンの姿は肉眼でかろうじて確認できる程度となってしまった。それでも彼の肉声、いつもの笑顔はチェックできたので、ひとまずは目的達成だ。

その後、二〇〇六年のソン・スンホンの除隊会見時には、ペ・ヨンジュンの会見の教訓を生かし、一時間前行動を取ってみた。その日はソン・スンホンの除隊後初の公式会見だった。韓国で行われたので韓国のマスコミがほとんどだったが、韓国の主要媒体のすべてが集まったのではないかと思えるほど、会見前から活気に満ちていた。その中にはわざわざ日本からやってきた日本のマスコミの姿も多く見られた。この日は一時間前行動のかいあって、会場の中間ぐらいの位置をキープできた。そのため、ペ・ヨンジュンのときよりもはるかに近くで本人の姿を確認することができたが、ソン・スンホンが会場に入ってきた瞬間、思わずため息がこぼれた。これまでに数々の韓国芸能人の取材を行い、イケメン男優にも会ってきたが、顔の作りの美しさ、目・鼻・口のバランスの良さは、韓国男優の中でも随一ではないだろうか。しかも当時は兵役逃れというスキャンダルを乗り越え、軍隊で義務を果たしてきたばかりだったからか、すっきりと晴れやかな表情だったのが印象的だった。

占い好きの韓国人は血液型にも興味津々

『B型の彼氏』という映画がある。「非常識、へそ曲がり、卑屈…。だけど愛さずにはいられないB型男と、小心者のA型女の血液型ラブコメディー」というのが韓国でのメーンコピー。血液型をモチーフにして描かれた男女のラブコメディーだ。イ・ドンゴン、ハン・ジヘという二人の人気俳優の出演で観客動員数百四十万人突破というまずまずのヒット作になったが、映画のヒットの背景にはもう一つ、韓国での血液型占いの流行があった。

日本ではすでに数十年前から占いの定番になっている血液型占い。韓国で多く語られる

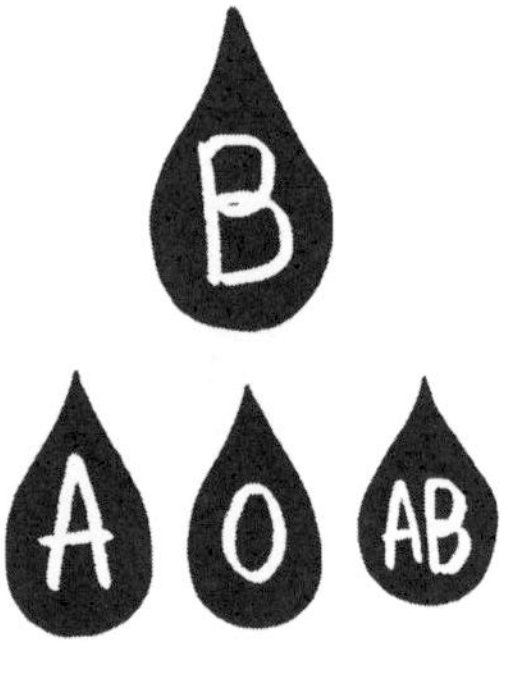

ようになったのはここ数年のことだ。映画が公開された二〇〇五年当時は、血液型に関する情報があふれ返り、これまでそれほど関心を示さなかった男性にも自然に浸透し、誰もが話の輪に入れるという点でも、話題によく上るようになった。

韓国ではA型はまじめで小心者（イ・ドンゴンは実はA）。O型は熱血漢で自己管理が徹底している（なんと元祖韓流四天王は全員O）。AB型は本心を人前でさらけ出さない（シン・ヒョンジュンほか）といわれている。だがこの血液型別性格判断の中で特筆すべきは、冒頭の映画のタイトルにもなっている「B型の男性」だろう。韓国でB型の男性は「悪名高きB型男」とまでいわれ、〝さげすみ〟の対象になっている（怒られそうだがカン・ドンウォンほか）。このB型男性が悪者にされたのは、二〇〇四年秋にリリースされた人気歌手キム・ヒョンジョンの「B型の男」という曲がきっかけだともいわれている。歌詞は「勝手で気まぐれなあなたにはもううんざり」と女の子がB型の彼氏を見限る内容なのだが、そこに映画までも「単純でいいかげん」というのがB型男の典型として描いている。この風潮で割を食ったのは当然B型の男性だ。結婚相談所、合コンやお見合いなどでも敬遠されているという話が聞こえてきた。だがその後ヒットしたドラマでB型男も巻き返したのだ。二〇〇五年夏に大ヒットした「私の名前はキム・サムスン」の主人公ジノン（ヒョンビン扮《ふん》）、同時期に放送され人気を呼んだ「オンリーユー」の主人公イジュン（チョ・ヒョンジェ扮）の影響だ。どちらも金持ちの御曹司だが、ぶっきらぼうで横柄な態度でヒロインを見下す、どちらかというと〝イヤな男〟だった。そんな彼らが、これまでの優しく包容力のある主人公に飽き飽きしていた女性たちを刺激したようだ。そして「悪い男」＝「B型の男」という公式が成立し、にわかにB型男に人気が集まったのだ。ただし劇中の主人公たちがB型かどうかは不明。男女の問題ばかりでなく、あらゆる話題で血液型による分類が取り上げられ、一時は「血液型シンドローム」なるものも起きた。

韓国人が血液型に興味を示したのは、もともと占い好きだからであろう。そして昔も現在もその主流は生まれた年月日時を基にした四柱推命だ。以前俳優のイ・ビョンホンが四柱推命でよく運勢を見てもらうと言っていたが、それは芸能人に限ったことではなく、一般的に生活の一部として取り入れられている。大切な決定をするときは必ずと言えるほど哲学館と呼ばれる占いの館を訪ね、占い師に指南を仰ぐのだ。だいたいどこの家庭にも行きつけの哲学館があるという。またここ十数年ほど前からはやり出したのが、「四柱（サジュ）カフェ」。四柱カフェは、どこか暗いイメージのあった哲学館を明るく現代風にアレンジしたもの。普通の店のようにお茶を楽しみながら、軽い気持ちで占いを見てもらえるこのカフェは、八〇年代の終わりに初めて登場し、女子大生を中心にまたたく間に広まった。相談の内容はやはり恋愛、結婚問題が中心だ。以前は親が本人に内緒で占ってもらい、相性が合わない恋人とは無理に引き離すというケースが多かったようだが、最近は自らが恋人に内緒で占い、合わないと言われたらすぐに身を引くドライな女性も増えているという。血液型占いの根強いファンも増えたことは確かだが、やはり韓国では古くから生活に密着し、哲学と統計学に基づいた四柱推命に信頼を寄せている人が多いようだ。

男性にはもう頼らない！ 〝姉さんカップル〟増加中！

韓国では五月は「家庭の月」といわれている。五日の「子供の日」をはじめ、八日の「両親の日」、十五日の「先生の日」、二十一日の「夫婦の日」のように、家族や親しい人たちが集るイベントが多い月だからだ。だが二〇〇六年の五月は、韓国人にとっては衝撃的なニュースが飛び込んできた。前年の出生率が、史上最低の一・〇八人になってしまったのだ。これは先進諸国の中でも最低の数字だ。子供を産まないというのは、経済の担い手がいなくなるという面でも大きな問題であるが、家系存続においても非常事態宣言が出さ

れたも同然のこと。これには、韓国女性の結婚観、恋愛観の変化が深く関係している。

日本の現在の状況を考えれば想像に難くないのだが、韓国での結婚に対する考え方も随分変わってきている。特に女性の晩婚、未婚志向が著しい。一九九〇年には二十四・八歳だった女性の結婚平均年齢が、二〇〇〇年には二十六・五歳、二〇〇五年には二十七・七歳と、年々遅くなっている。三十代の未婚率が高くなっているのも最近の傾向だ。その理由としては女性の高学歴化、それに伴う女性の社会進出が大きいというのは言うまでもない。結婚が遅れると同時に、社会的な地位を得るようになると、結婚よりも仕事を優先させ、それほど結婚にこだわらなくなるというのも、日本の女性たちとさほど変わらないようだ。経済力がアップした女性たちが、結婚をあくまでも選択肢の一つとしてとらえ始めているのだ。韓国では適齢期を過ぎても結婚していない、いわゆるオールドミスのことを、老いた処女と書いて〝老処女（ノチョニョ）〟という。かなり露骨な表現だが、十年前だったら二十代の半ばも過ぎれば、すでに老処女扱いされていたであろうが、現在は三十代の初め、半ばぐらいからこう呼ばれるようだ。自分の選択に対する自信からか、そう呼ばれる女性のほうもそれほどヒステリックに反応することもない。ある程度の年齢に達したら結婚するのは当たり前だった時代は、韓国でも終えんを迎えたのだ。

この老処女の存在とも少なからず関連があるのだろうが、数年前から韓国では年上の女性と年下の男性カップルがはやっている。一時の流行というより、すでに恋愛の主流になっている感もある。これはドラマや映画、CMの主人公たちを見てもわかる。ドラマでは「ベストカップル」のアン・ジェウクとファン・シネ、「私の名前はキム・サムスン」のヒョンビンとキム・ソナ、「タルジャの春」のチェリムとイ・ミンギなど、女性が年上のカップルが多数生まれている。また映画『家族の誕生』では、三十二歳のオム・テウンと五十五歳のコ・ドゥシムの二十歳以上も離れた熱々カップルが誕生し、好評を博した。こういった作品が生まれる背景には、それを受け入れるだけの土壌があるからだ。家父長的価値観が支配的だった韓国では、ほんの五、六年前まで、女性、男性とも、年下の男性、あるいは年上の女性と付き合っていることは、周囲に打ち明けることすらためらわれていた。ここでもやはり急速に意識の変化が起こっているのだ。興味深いことは、女性もさることながら、最近は若い男性のほうが、年上年下カップルに積極的だという。年齢差も女性より男性のほうが気にしない傾向にあるようだ。男性の立場からは、経済力、理解力のある女性のほうが、わがままな年下の女の子より楽だというのが共通の意見で、女性にとっては自分の好みの男性に育てる楽しみがあり、自分も若返るというメリットがあるようだ。

出生率低下の話に戻すと、当然、女性たちの晩婚、未婚とかかわりがある。この風潮を反映するかのように、二〇〇五年は初めて、三十代の妊婦の比率が二十代を追い越してしまった。これは全体的に出産年齢が高くなっていることを意味するが、女性が社会進出し始めて間もない韓国では、働く女性が仕事と出産を両立させられるだけの、社会的制度が整っていないことが問題視されている。幸い、二〇〇六年、二〇〇七年は出生率が上向きだった。だが女性の個人の自己実現と結婚、出産の間でのかっとうはまだ続きそうだ。

セレブな独身女性
〝ゴールド・ミス族〟急増中

ソウルの観光名所の一つに、景福宮《キョンボックン》という宮殿がある。景福宮は朝鮮半島最後の王朝、李王朝（一三九二〜一九一〇年）の王宮として、一三九五年にその建国者、李成桂《イソンゲ》により建設されたもの。ソウルの中心にあり韓国を訪れる外国人にとっても欠かすことのできないスポットだ。韓国では最近、この景福宮に隣接する三清洞《サムチョンドン》という小さな街が注目されている。アート、ファッション、グルメの粋が凝縮された街で、最近の韓国で急速に勢力を増している〝ゴールド・ミス族〟の砦《とりで》としても注目されている。

ゴールド・ミス。ゴージャスな響きを持つこの言葉は、ゴールドとオールドミスを掛けた造語であることはすぐにおわかりだろう。韓国でも女性の高学歴、晩婚化が進んでいることは紹介したが、その過程で生まれた新部族がこのゴールド・ミス族だ。その定義とは、大卒以上、年俸四千万ウォン（約五百万円）以上、三十代、四十代半ばくらいまでの未婚女性だそうだ。さらに持ち家や八千万ウォン以上の金融資産、乗用車を所有し、海外旅行やゴルフ、社交ダンスなどのゴージャスな趣味を持っている女性、と定義する人もいる。

驚くべきは、その数の増加率だ。韓国雇用情報院によると、大卒以上、年俸四千万、三十～四十五歳の三項目までを基準にしたところ、二〇〇一年には約二千百五十人だったのが二〇〇六年には約二万七千二百人となり、五年でなんと十倍以上にもなっている。

ゴールド・ミスが従事する職種も、二〇〇一年には七種に限られていたのが、二〇〇六年には三十六種に増え、各界で女性が活躍していることを物語っている。お金があって家があって才能も自由もある。ないのは家族（配偶者）だけだが、これだけあればその必要性をそれほど感じないのだとか。そして現在はなんと、ゴールド・ミス族を上回る〝プラチナ・ミス〟なるものが出現しているという。前述の条件に年俸が一億ウォン（約千百万円）以上の者だけに与えられる栄誉ある称号だ。そして残念賞として、年俸三千万ウォン（約四百万円）以上の女性たちは、察しがつくだろうが〝シルバー・ミス〟だそうな。

景福宮と昌徳宮《チャンドックン》の間に位置する三清洞は、周囲に大統領官邸、首相官邸などがあり、八〇年代まで開発が制限された地域だった。だが景観がよく、静かで、その上廉価な土地に、貧しい画家が一人二人と集まり始め、独自のコミュニティーが生まれるようになった。九〇年代に入り開発の規制が緩和されると、景福宮の東側にずらっと近代的なギャラリーが建ち始め、本格的な画廊街が形成された。画廊の周辺には芸術家が経営する雑貨店、ブティック、靴屋など、個性的なショップが立ち並ぶようになった。アートとファッションがあれば、当然グルメも欠かせない。老舗の韓国式すいとん「三清洞スジェビ」をはじめ、フランス料理店やイタリア料理店、ワインバーやカフェなど、多国籍料理が味わえるのも三清洞の特徴だ。

現代的で個性的なショップやギャラリーが生まれる中、昔ながらの韓国式家屋も数多く残るこの一帯は、現代と過去が融合する独特な雰囲気を醸し出し、〝都会の孤島〟とも呼ばれている。また三清洞には高級レストランが多いことも特徴で、お金のない貧乏学生たちには手の届かない場所でもある。だからおしゃれでゴージャスなお姉さまのアジトとなっていったのだ。

ゴールド・ミスのお姉さま方も、結婚したくないと言っているわけではない。結婚はしたいけれど、適当な相手がいないというのが本音だ。そんな彼女たちは、現在、〝ゴールド・ミスター〟を巡って争奪戦を繰り広げている。ゴールド・ミスターは収入に関係なく、年齢的に三十代女性の結婚相手にふさわしい、イケてる三十代の未婚男性を指すのだとか。〝都会の孤島〟で孤立しつつあるゴールド・ミスたちは、優雅に見えても実は内心焦っているのだ。

人の集まるところに花札あり
国民ゲームの代表格ゴーストップ

韓国では年に二度、民族大移動が起こる。旧正月と秋夕（チュソク／旧盆）は欠かすことのできない一族の大イベントであり、何があっても故郷に帰らなければならない、というほとんど掟《おきて》のようなムードが形成されているからだ。旧正月、旧盆共連休となり、人口の約四分の一が首都圏に集中している韓国では、その期間の交通渋滞はそれはすさまじい。テレビのニュースでは毎年高速道路の渋滞状況が伝えられ、夜の暗闇にどこまでも連なるテールライトの映像はおなじみの風景になっている。

民族大移動の大きな理由は、一族全員で茶礼（チャレ）という先祖をまつる祭祀《さいし》を行うためだ。親類たちはたいてい茶礼の前日の夜から本家に集まる。みんなで食事をとり、互いの近況報告などをひとしきり済ませたところで、どこの家庭でもほとんど必ず登場するのが花札だ。十九世紀末に日本から伝わったとされる花札は、韓国では花闘（ファトゥ）と呼ばれ、韓国で最も親しまれている遊びの一つとなった。

花札はドラマ「オールイン 運命の愛」でひんぱんに登場していた。特にイ・ビョンホン扮《ふん》する主人公のイナと、ライバルのテスが刑務所で真剣勝負をするシーンが印象的だった。そのシーンでは〝ソッテ〟と呼ばれるゲームが行われていたのだが、韓国では花札を使った遊び方がいくつかあり、普段楽しまれるのは、〝ゴーストップ〟と呼ばれるものだ。これはゲームの方法が比較的簡単で、老若男女を問わずほぼ全国民がルールを知っている。絵柄を合わせるという基本ルールは同じだが、点数の数え方やこまごまとしたルールは各地方、各家庭などで違っていて、そのルールを巡って激しい言い争いになることも少なくない。韓国ではそれもじゃれ合いのようなものだが。基本的には賭博ゲームなので、親類同士のゲームでも多少の金は行き来する。ゲームに興じる大人たちに混じり、子供たちが周りで応援合戦を繰り広げる。そんな光景がどこの家庭でも見られるのだ。

ゴーストップが行われるのは一族の行事があるときに限らず、韓国では「三人集まればゴーストップが始まる」と言われるほど日常的に行われている。その証拠に花札は一家に一つは必ず置いてある。しかしたまたまその家にはないこともある。そんなときでも心配無用。近所の小さな駄菓子屋やコンビニでも必ず売っているからだ。韓国人は国民ドラマ、国民俳優など、なにかにつけて国民を付けたがるが、ゴーストップはまさしく国民ゲームの代表格といえる。

前述したように、このゴーストップはルールが簡単なので、韓国語がわからなくてもすぐにできるようになる。留学生だった私も、韓国語よりも先にこの韓国式花札を覚えたものだ。そういえば今でも仲のいい韓国人の友人は、花札を通して親睦《しんぼく》を深めたような気がする。ゲームをしながら自然とスラングも覚えられ、なかなかいい勉強になる。ややこしい言葉を介さずして情を交わせるゲームでもあるのだ。韓国ドラマでも、年寄り同士や家族間の親睦の場などでよく登場する。二〇〇七年のヒットドラマ「コーヒープリンス1号店」でも、ウンチャン（ユン・ウネ扮）がハンギョル（コン・ユ扮）のおばあさんと仲良くなったのもこのゴーストップがきっかけだった。簡単とはいえ、ゴーストップは記憶力と判断力、集中力が必要な遊びでもあり、勝つためには頭を働かせなければならない。そのため、韓国では老化防止にはゴーストップが一番だともいわれている。

ゴーストップをやっていると、時間がたつのもあっという間だ。旧正月、旧盆の前日は夜中までゲームに興じ、朝になると先祖への祭祀をとり行う。そして三々五々、あの長く続くテールライトの中に消えていき、また日常に戻る。日常のあらゆるものがデジタル化された現代だが、韓国人は花札というアナログな遊びで日常の生気と英気を養っているのだ。とはいえ、最近はコンピューター化されたゴーストップ中毒に悩む人も多いが…。

複雑な路線に乱暴な運転
慣れると便利なソウルのバス

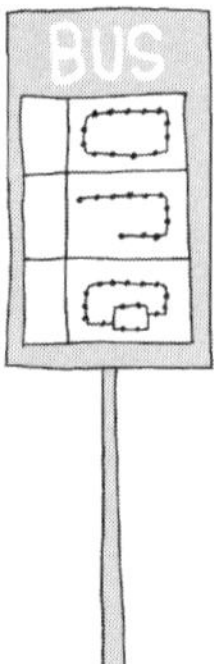

ソウルを中心とした首都圏の公共の交通機関（韓国では大衆交通という）というと、地下鉄、バス、タクシーがあるが、中でも最もポピュラーなのがバスだ。韓国では通勤に乗用車を利用する人が一番多いようだが、ある調査ではその次に多いのがバスという統計も出ている。通勤・通学以外にもバスを愛用している人は日本よりも多く感じられる。だからバスを自分の足のように使いこなせてこそ、一人前のソウルっ子といえるが、このバス、ソウルで暮らして間もないころの〝ビギナー〟にとっては、恐怖の対象でしかなかった。

バスが恐怖の対象であるというのは、おそらく私だけでなく、日本から来て韓国での滞在経験がある方なら誰もがうなずけるのではないだろうか。日本と韓国のバス事情はかなり違っていて、その分、不思議な光景が満載で、ドラマチック（韓国ドラマで見られるような、という意味で）な出来事が多発する空間でもある。

韓国のバスというと、まずはそのスピードに驚く人が多いのだが、今から十年前、留学のために韓国に来て、ほとんど韓国語が話せなかった当時、バスが恐怖だったのは、そのスピードのせいではなく、次の停留所のアナウンスが流れないことが多かったからだ。アナウンスを流してくれても、そのタイミングが前後していたり、ラジオや、運転手さんの好きな演歌のテープの大音量にかき消されて全く聞こえなかったりする。乗り慣れていて余裕のある現地の韓国人の中で、乗り過ごしてはいけないと必死で耳を澄まし、目を皿のようにして外の風景を見続けていたことを覚えている。しかもバスが停留所に停車しても、扉の開閉に許される時間は約三秒。この三秒ルールに従うには、一つ手前のバス停で座席から立ち上がって、ドアの前で待機していなければならないという暗黙の厳しい掟《おきて》があるので、バスに乗っている間はずっと緊張のしっぱなしだ。韓国人は降り遅れて扉が閉まってしまっても「アジョシ～（おじさん）！」の一言で開閉自在だが、当時はその一言が言えずに泣く泣く次の停留所で降りたという切ない経験もある。だから韓国に来た初期のころは、韓国人にバスで行くことを勧められても、初めての所はどんなに遠回りになっても地下鉄を利用していた。また当時は、バスに乗ってからだけでなく、乗るのにも一苦労の時代だった。一応、停留所なるものが存在し、目印のポールがあるのだが、運転手さんはそんな柱は全く無視。停留所の近くになると止まりたい所で止まってすぐに発車してしまう。同じ停留所には行き先の違うバスが何本も来るので、みんな目当てのバスを捕まえようと必死になって大移動する。だから日本のように、秩序正しく列を作って待つという光景は見られず、乗るのは足の速い者順だ。

運転手さんの様子も日韓の間ではかなりの隔たりがある。まず運転手さんの格好は、最近はネクタイを着用している人も増えたが、日本に比べるとラフなスタイルだ。履物も、長時間の運転のためか、通気性のいいサンダル履きの人も多い気がする。ラフなのは格好だけでなく、勤務に臨む姿勢も日本に比べて自由気ままに見える。携帯電話での個人的な会話（本当は禁止されている）や、運転席のすぐ後ろに座っているお客さんとの会話を気楽に楽しんでいる。車内だけでなく、赤信号になったときは寸暇を惜しんで、隣の車線に停車している運転手仲間のおじさんとドア越しに楽しそうにおしゃべりしたり。そういえば、お財布を忘れてお金がなかったとき、そのまま乗せてくれたおじさんもいた。おしゃべり好きは何も運転手さんだけではない。韓国の大衆交通の中では、ひっきりなしにケータイの着メロが鳴り続け、あちこちで電話の相手とおしゃべりに興じる声が聞こえてくる。あまりにも声が大きいと白い目で見られるが、普通に話している分には誰も気に留めないようだ。不便なのは大きな音のラジオや人の話し声がうるさくて、自分の聞きたい曲が入ったＭＰ３をそれに負けないくらいの大音量にしなくてはならないという程度だろうか。

そんな恐怖のバスも、韓国語が話せるようになり、ある程度の土地勘がつかめると、地下鉄よりはるかに楽なことに気付いた。ソウルの地下鉄は地下が深い所が多く、乗り換えにもかなり歩かなければならなかったりする。地下なので外が見えず、空気も悪く、その点でもバスのほうが快適だ。さらに二〇〇四年からはバス路線の大改革および、バスの中央専用車線制度が実施され、都市部の多くの地域で道路の中央はバスだけが走れるようになり、交通渋滞に巻き込まれることも少なくなった。道路のど真ん中に停留所のエリアも出来たので、前述のようなバスに乗るときの大移動も緩和されている。この大改革をやってのけたのが、ほかでもない、現大統領で前ソウル市長のイ・ミョンバクだ。改革断行前や施行直後は、さらなる混乱、混雑を呼ぶという反対意見も多かったが、ある程度整備が整うと、利用者からはおおむね好評のようだ。かつての、乗用車の合間をかいくぐり猛スピードで疾走する、韓国人の表現を借りると〝積極的な運転〟も減っているのだ。それでもドア開閉の三秒ルールと大音量ラジオは温存されているが…。

ハングルが読めなくてもＯＫ
手軽にソウル体験ができる地下鉄

バスの項でも書いたように、私が韓国に来て間もないころ、一番お世話になったのが地下鉄だ。初心者にとってはバスよりもずっと親切でわかりやすい。何よりも、次の停車駅のアナウンスをきちんとしてくれるから。しかしソウルには一号線から現在は八号線まであり、二〇〇九年には九号線が開通予定なので、路線は複雑に絡み合っている。路線図だけを見ると挫折しそうになるが、例えば一号線は濃紺、二号線は緑、三号線はオレンジのように、各線によってシンボルカラーが決まっていて、各駅には駅番号が付いているので、

ハングルが読めなくても目的地にきちんとたどり着く。

乗車してからは、落ち着いて本でも読もう、と思うとそうはいかないのが韓国の地下鉄だ。いろんな人が次から次へとやってきて、大声で思いの丈をぶちまけていくので、ついそっちに気を取られてしまって、本など読んでいる場合ではなくなる。地下鉄はひとたび発車すると、宗教の伝道の場、行商人の店舗、恵まれない子供たちに愛の手を差し伸べる会場へと早変わりするのだ。中でも目を奪われるのは、実演販売をしているおじさんたちだ（おばさんもいる）。静かな車内に大きなカートを引っ張ってきて、突然大声を張り上げて商売を始める彼らの商品は、実にさまざまだ。いろんな形のばんそうこうのセット、いろんな色のボールペンのセット、モデルにアフリカの黒人の写真を使った美白歯磨き粉だったり、冬場は携帯用ほこり取り、また雨の日は雨合羽、折りたたみ式傘、とかゆい所に手の届くセンスまで。しかもそのほとんどが二、三千ウォンとかなり安い。おじさんがアイデア商品を手に登場するたびに心引かれ、購買意欲がそそられるのだが、残念ながら実際に買ったことはいまだない。韓国人はスッと千ウォン札を差し出し、自然と売買が成立しているが、なかなかその勇気が出ないのだ。ちなみに、車内での商品の販売は不法だ。彼らに出会える確率が最も高いのは、一号線のような気がする。ソウルの地下鉄一号線は、一九七四年に韓国で初めて開通した路線だ。この長老路線は、「地下鉄一号線」というミュージカルの題材にもなり、地下鉄周辺で起こる人々の悲喜こもごもが描かれている。一九九四年に初演されたこのミュージカルは、現在までロングランを続け、韓国人に愛され続けているが、そこにもやはり、右記の登場人物たちが登場している。

韓国滞在十年を迎えた私にとって、今でも地下鉄、バスは欠かすことのできない移動の手段だ。ただ、交通費は十年前に比べて二倍にもなり、韓国の物価の上昇をひしひしと感じている。しかしその間、一九九九年にはバス・地下鉄共通の交通ＩＣカードが開発され（釜山では一九九八年から導入）、二〇〇四年からはバス、地下鉄乗り換え時の割引制度導入など、韓国のＩＴ技術の発展を目の当たりにすることもできた。

空高くグングン伸びる超高層マンションの秘密

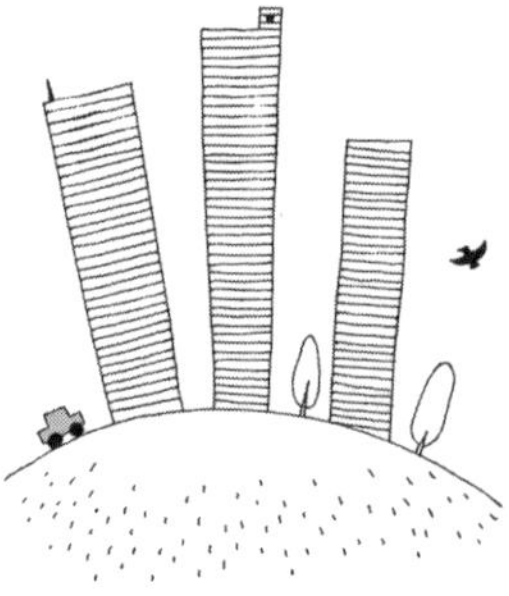

仁川空港に降り立ち、高速道路に乗ってソウル市内に向かうと、その途中で、いくつもの高層マンションが目に飛び込んでくる。初めて韓国を訪れた外国人は、この高層マンションの多さに驚くという話をよく聞く。

韓国の住宅形態は、一戸建て、マンション、アパート、ワンルームマンションの大きく四つに分けられる。韓国では、一戸建ては〝単独住宅〟、五階建て以上の大型マンションを〝アパート〟、四階建て以下の規模の小さいアパートを〝ビラ〟あるいは〝連立住宅〟

という。ワンルームマンションは〝ワンルーム〟だがワンルームは低い建物が多く、これに似た高層の〝オフィステル〟という韓国特有の形態もある。オフィステルとは、オフィスとホテルを合わせた韓製英語で、オフィスとしての機能と住宅としての機能を持つという意味で、そのほとんどがワンルームである。八〇年代半ばに登場し、初期のころは個人事務所として、また芸術家のアトリエとして利用されることが多かったが、九〇年代に入ると、独身男女の一人暮らし用の住居として使われることが多くなった。韓国ドラマの中でも、財閥のお坊ちゃまたちの住まいとして高級オフィステルがよく登場している。

前出四つの住宅形態のうち、ドラマによく登場するのは一戸建てではないだろうか。特に、ドラマによく登場する御曹司たちの自宅は立派な豪邸ばかりだ。御曹司には庶民的なヒロインがつきものだが、御曹司の豪邸と対照的に描かれるヒロインの家も、昔ながらの古い韓屋《ハノク》（伝統的な韓国式の家）であることが多い。一戸建てのほうが映像として絵になるからだろうか。現実には核家族化が進んでいても、ドラマでは大家族を描くことが多いというのも影響しているのかもしれない。

実際、財閥幹部や富裕層の住まいは、ドラマのように高い塀に囲まれた豪邸が多い。だが最近の韓国の一般的な家庭は、実は一軒家ではなく韓国でいう〝アパート〟に住んでいることが多く、実際にアパート数も多い。そのうちのほとんどが十階以上の高層で、同じ敷地内に何棟もあるアパート団地を形成している。このアパート団地はソウル市内にも多いが、ソウル近郊の新興住宅地や地方の住宅地もそのほとんどがアパート団地で構成されている。また最近ではソウル、地方を問わず四十階以上の超高層アパートの建設も進んでいる。

韓国で本格的なアパート団地が建てられたのは六〇年代に入ってからだ。そのアパートが転機を迎えたのは、七〇年代末に韓国を代表する財閥、現代《ヒョンデ》が江南《カンナム》に広い間取りの高級アパートを建設してからのこと。現代が当時の政治家やマスコミ関係者など、社会的に影響力のあるエリート層に特別に分譲することにより、アパートは一般庶民の羨望《せんぼう》の対象になっていったのだ。

八〇年代に起こったアパートブームは現在も進行中で、それは調査にも表れている。二〇〇五年に行われた〈住みたい住宅形態〉という調査で、回答者（七百人）の約六割がなんとアパートと答えていて、一戸建てを望む人は四割に満たないという興味深い結果が出ている。日本でも最近はマンションが人気を呼んでいるが、日本のサラリーマンの夢はあくまでも一戸建てのマイホームだろう。韓国では政治家やエリートの中にもアパートに住んでいる人が多く、韓国のこのアパート志向は世界でも類を見ないといわれている。

韓国人がアパートを好む理由はさまざまだが、国土の約七割が山である韓国では、アパートが住宅供給に適していて、地震が少ないことから高層建築物が建てやすく、政府の政策として建設が進められている。それだけにインフラがしっかりしていて、生活がしやすい。また、人と人との距離感が近い韓国人の国民性にアパートという集合住宅の形態が合っているのかもしれない。だが、このまま超高層アパートの建設ラッシュが続いたら、上を見上げても空が見られなくなるのではないかと危ぶむ声も聞こえている。

寒い冬も快適！
オンドルは世界に誇る暖房システム

冬にソウルから東京に来た韓国人は、みんな口をそろえて「日本の冬は寒い！」と言う。ソウルの冬の一日平均気温は〇度に満たないことが多いので、気温にしたらはるかにソウルのほうが寒いはずなのにだ。その理由は簡単だ。日本の家庭には〝オンドル（温突）〟がないからだ。オンドルという優れた床暖房がない日本の住宅は、韓国人の大敵なのだ。

朝鮮半島におけるオンドルの歴史は古く、高句麗の時代に導入されたといわれている。以前は高句麗がオンドルの起源とされていたが、最近の研究ではさらに北の北沃沮《よくそ》地域が発祥との見方が有力のようだ。発祥はともかくとして、現在のオンドルは、韓国が世界に誇れる韓国固有の文化として発展したものだ。二千年もの間受け継がれてきたオンドル文化は、韓国人の体質・気質に多大な影響を及ぼしていると考えられている。

韓屋《ハノク》と呼ばれる伝統的な朝鮮の家屋におけるオンドルの原理は、かなりシンプルで合理的なものだ。部屋の床下に空洞を作り、台所のかまどで使った火を熱源として、その煙を床下中に行き渡らせ、床下から部屋全体を暖めるという仕組みだ。熱が部屋全体に伝わるように、たき口の反対側には煙突があり、そこから煙が抜けるようになっている。床下のトンネルはクドゥルジャンという分厚いオンドル石で作り、さらに板や泥、油紙を重ねるので、熱くてやけどをするようなこともない。オンドルの熱は冷めにくいので、朝食の支度で使った熱で夕方まで、夕食で出た熱で翌日の朝まで部屋を暖められるという、とても効率のいい暖房法だ。部屋の中で、かまどなどの火元から一番近く、一番暖かい所を아랫목（アレンモク／下の座）、火元から遠く熱が伝わりにくい所を윗목（ウィンモク／上の

座）といい、伝統家屋では当然、長老や大切な客人を下の座に座らせていた。

だが戦後から五十年、韓国の居住環境も変わり、現在のソウルでは韓屋はほとんど見られることなく、その代わりにアパートと呼ばれる、近代的な高層マンションが立ち並んでいる。それでも死守されたのがオンドルだ。ハードウエアの変化とともにソフトウエアのオンドルの方式も変わり、アパートでは温水床暖房が採用されている。床に無数のパイプを張り巡らせ、ボイラーで温水を行き渡らせて部屋を暖める方法だ。韓国のアパートは、ほぼ全部屋がこの温水床暖房完備で、そうでなければおそらく買い手が付かないだろう。家中どこにいても部屋がポカポカなので、冬でも家の中では半袖で過ごす人が多い。しかし省エネが叫ばれる近年、部屋の平均温度が二十八度というのもざらなので、韓国人の中からも「いくらなんでも暑過ぎ。エネルギーの浪費だ！」と訴える声も上がってきている。暑過ぎるのは困るが、床暖房によって快適な温度と湿度を保つことは健康にもいい。特に湿気の多い梅雨時のオンドルは、その時期に湿度の高さによって多発する腰痛を予防する効果があると言われる。また、韓国の老人に腰が曲がっている人が少ないのも、オンドルによって常に寝床が暖かく、寝るときに背中を丸めずに済むからともいわれている。

韓国人はよく「熱い人たち」と表現されるが、自分が熱いだけでなく、オンドルやサウナ、辛くて熱い鍋など、とにかく〝アツイ〟ものが大好きなのだ。また情がアツイとも言われるが、それもオンドル文化が生んだものではないかと考える人も少なくない。そして世界に誇るケンチャナ精神（何事においてもケンチャナ〈大丈夫〉で済ませられる思考）すら、オンドルが生んだものではないかと主張する人もいる。畳と違って床が板張りの韓国では、赤ん坊が床におもらしをしても、さっと拭くだけで済むため、母親が子供をしかることもなく「ケンチャナ」で済ませられるのだとか。友人にこの話を聞いたときは〝目からうろこ〟の思いだった。クールな日本人には、初めはオンドルも鍋料理も韓国人も「アツすぎる！」と感じるかもしれないが、慣れると意外とやみつきになる。しかし、オンドルは熱しやすく冷めにくいはずなのに、韓国人はなぜか熱しやすく冷めやすい…。

これぞ役得！　元祖韓流四天王のオーラを体感

チャン・ドンゴン、イ・ビョンホン、ウォンビン

韓流ブームが起きて間もないころ、よく韓流四天王という言葉が使われていた。ペ・ヨンジュンを筆頭に、イ・ビョンホン、ウォンビン、チャン・ドンゴン、日本で人気の高いこの四人のスターを指す言葉だ。最近では死語のようだが…。残念ながら四人とも直接インタビューをしたことはないが、この仕事をさせてもらっているおかげで、"ナマ四天王"を見る機会はあった。

中でも一番印象的だったのは、チャン・ドンゴン。四人の中では一番近い距離で見ることができたというのもあるが、とにかく美しい。彼の場合はカッコいいというより、美しいという言葉のほうがピタリとくる。韓国で行われた日本のマスコミ向けの取材に参加したのだが、マスコミ数社との合同会見が行われ、長テーブルを挟んですぐの至近距離で彼の姿を眺めることができた。韓国でチャン・ドンゴンは美男の代名詞ともなっていて、実際に会うと後光が差しているとよく言われている。そのうわさは本当だった。実物のチャン・ドンゴンはまぶしいほどキラキラと輝いていた。大スターだが、周囲への気配りもできて、韓国のマスコミからも非常に評判のいい俳優でもある。日本での人気が思ったほど伸びていないのが残念だ。日本人にとっては少し顔立ちが濃すぎるのだろうか。

この輝きはイ・ビョンホンだって負けてはいない。実際の彼は思ったより小柄だが、その存在感は圧倒的だ。彼の出演した映画やドラマを見ていると、演技のうまさもさることながら、そこにいるだけで画面が引き締まるという印象を受けるが、実際に会った

ときも同じような感覚を覚えた。韓国で行われた日本のマスコミ向けの会見に参加した際、会場に彼が登場しただけで、会場の空気がガラッと変わった。たった一人の俳優のオーラが、張り詰めた空気に変えてしまったのだ。やはり天性のスターと呼ばれる人は、普通の芸能人とはどこか違うもので、またそうでないとトップには立てないのであろう。それにしても、芸能人は歯が命とは言ったものだが、彼が笑ったときに見せた白い歯は芸術的だった。
　フィニッシュはウォンビン。

彼を見たのは、映画『ブラザーフッド』の試写会のときだった。兄弟役のチャン・ドンゴンと共に舞台あいさつに立った彼は、照れ屋で人見知りというウわさ通り、本当に恥ずかしそうにあいさつをしている姿が初々しく、キュートだった。このすれてない、ピュアなところが日本のお姉さま方をメロメロにさせているのだろうと再確認。隣でどっしり構えたチャン・ドンゴンを、頼るような目で見ているのが印象的だったが、なんとも絵になる二人でした。

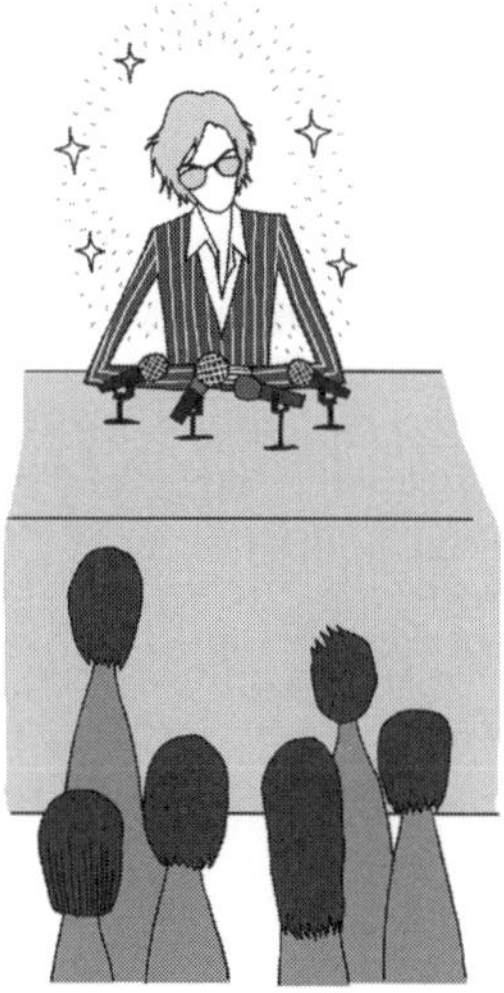

名物料理を堪能
韓国は食の宝庫

韓国料理編

韓国での楽しみの1つは、日本では知る由もなかった、不思議で美味な食べ物がたくさん食べられることだ。その中でも、なんと言っても1位はコプチャン。日本で言うホルモンのことだが、料理の仕方はちょっと違っていて、韓国では腸を開かずに筒状のままで出てくる。タレに漬けずにそのまま焼いて塩や店独自のタレに付けて食べるのだが、これが一度食べたらやめられない。不動の1位です！　豚よりも牛がお勧め。ちなみに鍋料理もあり。2位のカンジャンケジャンは、韓国では〝ご飯泥棒〞と呼ばれるほど食が進む。甘辛く漬けたヤンニョムケジャンもあるが、しょうゆ漬けのほうがお勧めだ。ただ、生のカニなので食べすぎには注意！　本場のサムギョプサルもお勧め。サムギョプサルには生のマッシュルームが付いてくることが多いが、これも一緒に焼いて食べる。このときに、軸を取ってくぼみがある方を上に向けて焼くのが鉄則だ。途中でひっくり返してしまうとお店のアジュンマに怒られるので要注意。焼いているうちにくぼみに水がたまるのだが、この汁が精力増強に効くとか…。韓国人が愛してやまないチャジャンミョンもやみつきになる。中華料理店に行くと、必ず韓国風酢豚とセットで頼んでしまう。

韓国料理
Ranking

1位 コプチャン
(곱창／ホルモン)

2位 カンジャンケジャン
(간장게장／カニのしょうゆ漬け)

3位 サムギョプサル
(삼겹살／豚バラの焼き肉)

4位 チャジャンミョン
(자장면／ジャージャー麺)

5位 タンスユク
(탕수육／酢豚)

第2章

結婚、出産、
子育て…
これが
韓国の常識

誰もが主人公になれる日
結婚式にまつわるあれこれ

二〇〇六年は芸能人の結婚が続き、何かと結婚の話題が多い年だった。それには〝双春《サンチュン》年《ニョン》〟が影響しているといわれている。双春年とは、春が二度ある年という意味だが、二〇〇六年の陰暦の一月一日は陽暦の一月二十九日で、陰暦の十二月三十日は陽暦の翌年二月十七日、つまり二〇〇六年は、陰暦の一年の間に陽暦の二月四日（立春）が二度巡ってくるという珍しい年だそうだ。双春年に結婚すると夫婦円満で末永く幸せに暮らせるという言い伝えがあり、芸能人ばかりでなく、二〇〇六年に結婚式を挙げたカップルは例年より

も多く、ブライダル業界では〝双春年特需〟といわれた。

韓国では結婚の準備は、両家の親同士が初めて対面する場である、相見礼《サンギョンネ》から始まるといわれる。当人同士が結婚を決めると、それぞれの親に承諾を得て、本人と両家の両親を含めた食事会が設けられるのだ。この相見礼は、ドラマではホテルのレストランや、落ち着いて話ができる和食店の個室で行われることが多く、お互いの家について根掘り葉掘り聞き合う。ここで結婚式の日取りを決めることも多い。

最近のドラマや芸能人の結婚式を見ると、高級ホテルで行われることが多いが、実は韓国ではホテルでの挙式は歴史が浅い。軍事政権時代の一九八〇年代から九九年まで、高級ホテルでの豪華な婚礼を規制する法律が存在し、禁じられていたからだ。現在の韓国での結婚式は、ホテルも含めた一般の結婚式場での挙式、それぞれの信仰宗教にのっとった挙式、韓国伝統の挙式などに分けられる。中でも最も多いのは一般の結婚式場での挙式だ。

韓国で何度か知人の結婚式に参列したことがあるが、これが実にシンプルなのだ。参列したのはどれも一般の式場での結婚式だが、式の内容はだいたい似たようなものだ。新郎新婦入場後、お互い向き合ってあいさつをする。その後結婚の誓いが読まれ、主礼《チュレ》と呼ばれる儀式を司《つかさど》る人の式辞があって、新郎新婦が参列客にあいさつして退場。以上だ。式の開始から終わりまで時間にして十五分くらいで、あっという間に終わってしまう。一般の結婚式場の場合、式場の隣に食事をする場所が設けられていて、式と食事が同時進行で行われていることも多い。そのせいで初めて知人の結婚式に出たときは、先に食事をしている間に式がすべて終了してしまい、最後に記念写真だけを撮って帰ってきた。また、参列客の服装もあまり格式ばらず、ラフなスタイルで訪れる人が多い。男性はセーターに綿のスラックスで普段着のままという人も目についた。日本の結婚式とは違って、気楽にふらっと訪れてみんなで祝うという雰囲気だ。そういえば、招待もされていないのに、友人の友達の結婚式に付き合わされたこともあった。もちろん、ホテルの場合は別だが。また、日本で結婚式に呼ばれて一番頭が痛いのが祝儀だが、韓国の相場は普通の付き合いで三〜

五万ウォン（約三〜五千円）でいい。だから負担を感じず、気楽に参列できる。

昔と比べてかなり簡素化している結婚式だが、それでも幣帛《ペベク》という伝統的な結婚の儀式はだいたいどの結婚式でも行われている。幣帛はもともと新婦が結婚式の後、新郎の両親に初めてあいさつをする儀式で、新郎の家で行われていたものだが、現在はどこの結婚式場にもほとんど幣帛専用の部屋が用意されていて式場で済まされる。挙式後、新郎新婦が用意された幣帛用のお膳《ぜん》の前で新郎の両親にお辞儀をする。このときに用意される食べ物にはそれぞれ意味があるが、特にクリとナツメは長寿と多産を意味し、新郎の父がクリとナツメを投げると、新婦が一生懸命受け取るというシーンがハイライトになる。

そして締めは結婚写真。結婚式を終え、しばらくたって落ち着いたころに新居に招待されると、真っ先に目に飛び込んでくるのが結婚写真だ。巨大に引き伸ばされ、居間のど真ん中に飾られたパネルの中で、まるで映画の主人公のような、二人だけの世界を形成しているのだ。ま、これも一生に一度、誰もが主人公になれる結婚式ですから。

韓国に多いママボーイ
男子偏重社会が変わる日は来るのか？

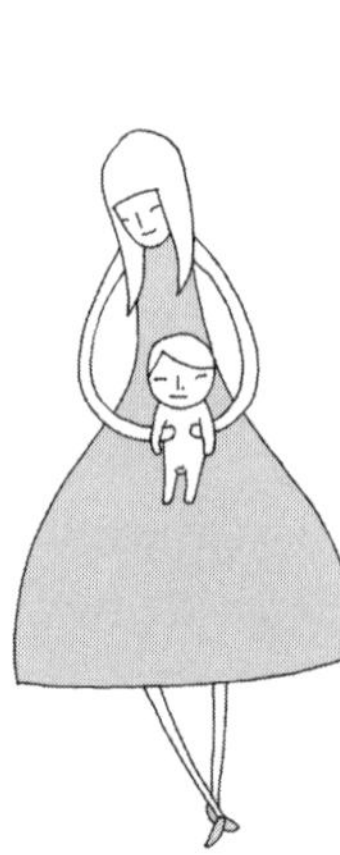

現在、韓国で熱い論争が繰り広げられている問題がある。韓国の現行法では、妊娠した際、医師がおなかの中の赤ん坊の性別を両親に告げることが禁止されている。だから韓国では原則として、赤ん坊が息子なのか、娘なのかは生まれてきてからのお楽しみ、となっている。臨月になっても性別がわからないのだ。この件をめぐって現在、憲法裁判所で法律が違憲かどうかが審議されている最中で、社会が法律擁護派と撤廃派に二分している。

事の発端は二〇〇四年、ある夫婦が、妻が妊娠九カ月になった際、医師に子供の性別を尋ねたが断られたことに始まる。夫婦は親の知る権利を侵害されたとし、弁護士でもある夫が、憲法裁判所に違憲訴訟を起こしたのだ。二〇〇八年四月に双方の弁論が行われると、再びこの問題が注目され、間もなく下される裁判所の判断に関心が寄せられている。

胎児の性別告知を禁止する現在の医療法は、一九八七年に性別による中絶を防止するために制定されたものだが、その背景には、韓国が抱える深刻な問題の一つ、〝男児選好思想〟が横たわっている。八〇年代半ば、少子化時代を迎えつつあったそのころ、超音波による胎児の性別鑑定が可能になると、女の子の場合は中絶してしまい、男の子だけを産み分けるケースが急増し、男女の人口不均衡をもたらす社会問題になったのだ。

この男児選好思想は、韓国では家系の存続が何よりも重視されてきたことに起因する。男性中心の儒教社会において、家系を存続させることができるのは当然、息子だけだ。祭《さい》祀《し》の担い手も長男だ。だから嫁が果たすべき第一の課題は、まずは男の子を産むこと。一姫二太郎などと悠長なことは言っていられないのだ。ただでさえつらい婚家での生活の中、第一子に娘を産んでしまったら、姑《しゅうとめ》からずっと嫌みを言われ続ける。だから韓国には娘、娘、娘、息子という家庭も多かった。〝当たり〟が出るまでとことんくじを引いてやる、と言わんばかりに男の子が生まれるまで産み続けるのだ。逆に第一子に息子を産んでしまうと、それまで肩身の狭い思いをしていた嫁も大きな顔ができる。家系に男子が生まれると、それはもう大変だ。特に長男の長男などは、祖父母・両親から「蝶《ちょう》よ花よ」と育てられ、まるでお殿さまだ。特に母親の長男への愛情は深く、家庭は長男中心に回り、次男以下はいてもいなくても同じ、娘などはまるで居候のような存在というような家庭が多い。というのは一昔前までの話だが、八〇、九〇年代になってもその風潮は少なからず残っていたのだ。そして現在も完全に解消されているわけではない。

ところで、韓国人男性にはママボーイ（マザコン）が多いとよくいわれるが、多いどころか韓国人男性は全員ママボーイだと断言している人もいるくらいだ。マザコンの定義があいまいだが、母親の言葉に逆らえず、母親のことを第一に考えるということであれば、韓国人男性は全員ママボーイと言えなくもない。ある調査では、母親、妻、子供が同時におぼれたら、まずは母を助ける、という男性が一番多かったという結果も出ている。あれだけ母親に愛情を注がれたら、それも当然だと思えてしまう。韓国の母親はまずは子供が第一で、特に息子のためならすべてを犠牲にしても構わないというのが伝統的な母親像で、そうあるべきだとされてきたのだ。これで韓流スターが、自分の母親と同世代の日本のファンに優しい理由もおわかりだろう。

しかし韓国だって、いつまでも男、男とばかりは言っていられない。二〇〇〇年に入り、核家族化が進み、伝統的な家族の意味が薄れてくると、男子出産にこだわらない若い夫婦も増え、むしろ最近は女の子を好む傾向にある。冒頭の違憲裁判も、男子選好思想が薄れた現代において、臨月になっても男女の性別を教えないというのは時代錯誤だという趣旨で提訴されたものだ。しかし、中絶が禁止されている韓国では根強い現行法擁護派も多く、その行方が注目されている。

庶民の生活に根付く干支占い
最高の金運「黄金の豚年」

〝双春年《サンチュンチョン》〟の二〇〇六年は結婚ラッシュ、〝黄金の豚年〟の二〇〇七年はベビーブームにわいた。十二支でいう亥の年は日本では猪年だが、中国・韓国では豚年であり、日本と韓国の十二支の動物の中で、唯一違う動物が用いられている。亥の年の中でも「丁亥」の年である二〇〇七年は、韓国では〝黄金の豚年〟と呼ばれ、その年に生まれた赤ん坊は最高の金運を持って生まれ、金持ちになれるといわれている。だから韓国では二〇〇七年、なんとか年内に二世を誕生させようと、奮闘した夫婦が多かった。

韓国は中国から伝わったこの十二支を大切にしてきた国で、古くは統一新羅時代からその思想を重んじてきたといわれている。十二支は護国の方位神として用いられたり、王族や貴族の陵墓にも彫刻されている。そのほか、工芸品や日用品にもモチーフとして使用され、庶民の生活や文化にも根付いていた。また、韓国では生まれ年の動物と運勢を関連付けて語ることが多く、現在も、新聞などの占い欄は十二支占いであることが多い。人も生まれ年によってその年の動物と似た性質、性格を有すると信じられていて、特に結婚前の男女の干支による相性判断は必要不可欠と見なされている。適齢期の男女の結婚あっせんを生業、または趣味とする世話好きなおばさんたちのキメ手にもなっている。

干支による性格判断は何の根拠もない迷信だとする人もいるが、周囲の人に当てはめてみると、これが結構当たっていて面白い。韓国で言われている干支別性格を一部紹介する。

子《ね》：感受性豊かで知恵がありまじめ。想像力豊富だが考えだけが先走りなかなか実行できない。あれこれ質問するのが好き。（一九七二年生ペ・ヨンジュン）／丑《うし》：頑固。まじめで信頼がおける。能率よく働き、忍耐力、責任感が強い。動作が遅く、ロマンチストとは言えない。言いたいことをズバズバ言う。（一九七三年生チ・ジニ）／寅《とら》：リーダーシップがある。活動的で血の気が多い。事業の手腕があり、経営者や指導者向き。利己的でうたぐり深い。（一九七四年生チュ・ジンモ）／卯《う》：優しく知的で、誰からも好かれるタイプ。あまのじゃくで突然相手に冷たくなる。（一九七五年生チェ・ジウ）／辰《たつ》：どの分野でも成功する可能性を持つ。ストレート。外向的で、活動的な仕事が向いている。（一九七六年生ソン・スンホン）／巳《み》：挑発的で悪知恵が働く。どんな困難も知恵を使って克服できる。努力家。所有欲が強く嫉妬《しっと》深い。しつこい。（一九七七年生パク・ヨンハ）／午《うま》：人を楽しませるのが上手で人気者。性的魅力がある。正直でサバサバしているが、自己中心的で子供っぽいところがある。（一九七八年生コ・ス）／未《ひつじ》：普段はおとなしく、他人にも寛大。適応能力はあるが、気が小さい。芸術家の素質があるが、夢と現実の間で苦悩する。（一九七九年生エリック）／申《さる》：社交的で、判断能力と行動力がある。独創的で多才。明るくポジティブだが、日和見主義。（一九六八年生パク・シニャン）／酉《とり》：おしゃれできちょうめん。保守的で、自信家。自分の夢に向かって誠実に努力する。独善的で夢想にふけることが多い。（一九八一年キム・レウォン）／戌《いぬ》：聡明《そうめい》で、洞察力がある。献身的だがプライドが高い。内気な半面、反発心も強い。警戒心が強い。（一九八二年生ヒョンビン）／豚《ぶた》：活発で社交的、他人に対して公平。平和を愛すが、無防備で単純でだまされやすい。（一九七一年生イ・ビョンホン）

豚はよく食べ、子をたくさん産むことから、食福と多産の象徴とされ、韓国では昔から豚年の出産が歓迎されていた。とにかく韓国では、豚は何かと福を呼び込む幸福の象徴とされている。だから豚年の二〇〇七年はベビーブームにわいたのだ。しかも五百年、いや、六百年に一度の〝黄金の豚年〟で最高の金運が約束されているとなると、両親は一獲千金を狙いここはひと踏ん張り！となるわけだ。だが残念ながら、〝黄金の豚年〟というのは業界のマーケティング戦略によって生まれた言葉だというのが、有力のようだ。

親の願いは万国共通
誕生パーティーは超豪華

一月一日。日本では年が明け、今年も頑張ろう、あるいは今年こそは頑張ろうと、新たな気持ちでこの日を迎える人が多いはずだ。だが韓国では、陽暦の一月一日はまだお正月気分という雰囲気ではない。というのも、最近では日本でもよく知られているように、韓国での年中行事、風習は陰暦にのっとっているからだ。一年に二度ある、民族大移動の最初の移動が行われる旧正月を迎えて、やっと本格的なお正月気分になるのだ。

この元日に憂うつになることが一つある。この日に全国民が一斉に一歳年をとるのだ。

というのも、年齢を数え年で数えているからだ。その数え方は、胎児のときからカウントされ、十カ月後にこの世に誕生したときはすでに一歳になっているという方式だ。その後は、旧暦の一月一日を迎えるごとに一歳増える。だから旧暦の十二月三十日生まれの人は、生まれた瞬間に一歳、そして翌日にはすでに二歳になっている。満年齢より二歳も多い人生を一生送るのだ。年齢を重ねるごとに、この理不尽な計算法はなんとかならないものかと思う。特に一歳が切実な三十代未婚女性にはこたえる。以前は数え年を使っていた日本や中国で廃止されたのも、きっとこの理不尽さからだ。というのは勝手な想像だが…。

ところで、日本と韓国では年の数え方だけでなく、誕生日の風習においても違いがある。韓国では赤ん坊が生まれた後、その子が人生で初めて経験する大々的なイベントがトルチャンチ（一周期の祝賀会）と呼ばれる満一歳の誕生日パーティーだ。生まれたばかりの赤ん坊の死亡率が高かったころは、百日目まで健康に育ったことを記念してペギルチャンチ（百日祝賀会）を行う家庭も多かったが、現在はこの百日のお祝いは写真撮影だけで、パーティーは省略することが多い。トルチャンチは朝鮮王朝時代の書物にも記載されていて、王族から庶民までが重視してきた歴史の古い風習だが、現在は日本では考えられないほどの規模で行われている。バイキング形式のレストランで知人を招待して行われることが多く、子供の親やそのまた親の権勢によってその規模も違うが、招待客は最低五十人、多いときは百人を超えることもある。子供が元気に育ったことを披露する場であると同時に、親の力がどれだけあるのか、一種の自慢大会の場でもあるのだ。

トルチャンチのハイライトはトルチャビ。トルサンと呼ばれる、トルチャンチ専用の料理が並べられた膳《ぜん》にいろいろな物を並べておいて赤ん坊に選ばせ、その選んだ品物によって、その子の将来を占うというものだ。代表的な物に、そばや糸、ナツメ、本や筆、米や現金などがあり、順に長寿、子孫繁栄、学者肌、財産家などを意味する。最近はプロゴルファーにさせたいという願いからゴルフクラブ、パソコンの達人になるようにマウス、音楽家になるようおもちゃのピアノやマイクなど、新種の物を置いておく親も増えている。

トルチャビは、願わくば幸せな人生を送ってほしいという親心がこもった一種の遊びだ。

また、日本と違う誕生日の風景といえば、必ずワカメスープを食べることだろう。その理由はいろいろあるようだが、韓国ではワカメスープは昔から産後の母親が栄養補給のために食べる物で、一説には、出産時の母親の苦労を心に刻むためだとか。とにかく、誕生日の朝はワカメスープと炊きたての白いご飯、肉や魚などのおかずが基本で、誕生日にきちんと朝食を取ると、その年は食いっぱぐれがないといわれている。特にみんなワカメスープにこだわっている。そして韓国では、センイルトクといって、誕生日を迎えた人が友人、知人をレストランや食堂などに呼んでご馳走する習慣がある。

トルチャンチの次に大勢の人に祝福されるのは、古希のお祝いだ。以前は還暦の祝いが大々的に行われたが、医学が発達して寿命が延びた現在は、古希を重視する傾向にある。お祭り好きな韓国では、人生の黄昏《たそがれ》期にも大勢の人に祝ってもらえるのだ。それがまた生きる力にもなっているのではないだろうか。

ロマンチックな韓国人男性
記念日はドラマの主人公

こんなことを言っては何だが、ステレオタイプの韓国人像というと、大ざっぱでテキトー。計画性がなく、感情表現が激しい。良く言うと融通が利いて、素直でわかりやすい性格ということだ。特に韓国人男性のほとんどがこれに当てはまるのではないかと思ってしまう。だが、実は意外とマメなのかもしれないと思うこともある。恋愛に関しては確実に日本人男性よりマメで、情熱的だ。

韓国に留学して間もないころ、若者の恋愛事情で一番驚いたのが、みんな付き合い始めてどのくらいたつのか、正確に把握していることだった。日本のように、会って三カ月くらい、などといったざっくりしたものでなく、会って百日目、千日目のように、日単位でしっかり把握しているのだ。中には「今日で八十八日目」なんて言っている人もいた。しかも男性でだ。どうやって数えていたのか不思議でならなかった。私なら引いてしまう気がするが、韓国人女性は感動するらしい。また、百日目、二百日目…千日目といった節目の日には、二人でイベントをすることも多い。それに関して、さらに引いてしまったエピソードがある。知り合いの男性が、付き合って千日目を記念して彼女に手紙を書いたそうだ。付き合ったその日から、千日を迎えた日までの毎日、日記形式で二人のことをつづってプレゼントしたという。それをもらった彼女は感動して泣いていたと自慢げに語られた。「ひぇ〜、すご過ぎる、この人たち」というのがまだ二十代で若かった私の感想だった。だがこれは、私の知人だけの特別なエピソードではなく、そういうプレゼントをする人は意外と多いということを聞いて、さらに驚いた。

二人の記念日やイベントに欠かせないのがバラの花束だ。韓国にはなぜか恋人たちのための記念日、たとえば、バレンタインデー、ホワイトデー、バラの日、ペペロデー（十一月十一日。ペペロは日本のポッキーとそっくりのチョコ菓子）など、無理やり作ったようなイベントの日が多い。この日は恋人のいる男の子たちは、大きなバラの花束を胸に抱え、意気揚々と街をかっ歩している。日本だと、人前で彼氏に花束を渡されるなんてこっぱずかしくて、それだけでも別れる決意をする、なんてこともあり得なくもないが、韓国ではちゃんと人前で渡さないと彼女から後でどんな仕打ちを受けるかわからない。というと大げさだろうが、それでもどうせもらうなら、公衆の面前で渡されたいと思うようだ。私はこれだけ彼に愛されているのよ、ということを見せ付けるかのように。

そしてサプライズなプレゼントでダメ押しとなる。ドラマでよく見られるサプライズプロポーズだ。ドラマでは、何気なく彼女を雰囲気のいいレストランに誘い出して、待たせておく。ここで重要なのは、フロアにピアノがあるレストランでなければならないということ！　そしてしばらくすると男性主人公がピアノの前に姿を現し、弾き語りで愛を告白し、ヒロインは感動で言葉を詰まらせる。そんなこと実際にあるかい！と思われるかもしれないが、実際にあるのだ。その証拠に若者の集まる街には、サプライズイベント用のピアノカフェもあるという。専用カフェでないにしても、あらかじめお店に了承を得て、人前でプロポーズをする人も多いそうだ。歌手や役者が自分の公演に彼女を呼んでおいて、公演の最後に公開プロポーズなんてことも多い。日本のようになんでもこっそり済ませる、というわけにはいかないのだ。だが、このサプライズプロポーズはドラマの影響ともいわれ、プロポーズをする男性にとっては、かなりのプレッシャーにもなっているとか。ドラマを見ていると、アイスクリームや雪だるまに指輪を隠しておくとか、次から次へといろんなアイデアが登場する。韓国人男性は彼女をモノにするには、アイデアマンでなくてはならないのだ。ドラマを見ながら「よくやるわ」と思いつつ、実際にアイスクリームの中から指輪が出てきたら、感動している自分がいそうで怖い…。

家族間のきずなの強い韓国がいつの間にか世界一の離婚大国に!?

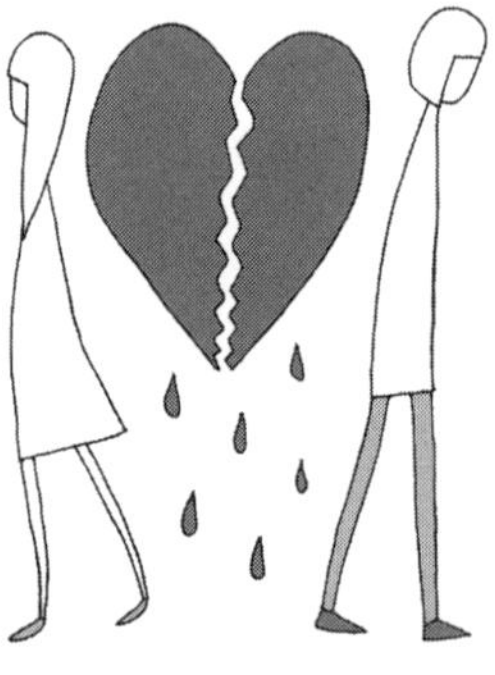

近年の韓国ドラマのキーワードは〝離婚〟と〝不倫〟。この二つのテーマがなければ、ドラマは成り立たないほど実に多い。特に不倫に関しては「不倫共和国」と揶揄《やゆ》され、平日の家族団らんの時間帯に毎日放送される連続ドラマでも刺激的な不倫が描かれたほどだ。また、主人公ではないにしても、家族に一人は離婚歴のある人物がいる設定のドラマが多い。ドラマは世相を反映させるもの。現実社会でも不倫、離婚問題は深刻化している。離婚が急増したのは、九〇年代後半のＩＭＦ経済危機に直面した直後からといわれている。

最悪の経済危機は脱したとはいえ、二〇〇〇年以降、現在まで景気が停滞し、失業率の高い韓国では、離婚も増え続けている。その数は年々増加し、二〇〇五年は一日平均三百五十二組が離婚した。同年に結婚したカップルは一日平均八百六十七組だったことからも、相当の数であることがわかる。離婚率では、長年一位を誇っていたアメリカを抜き、世界一位に輝いたともいわれている（離婚率に関しては正確な統計は発表されていない）。

離婚の事由については、ある調査機関の調べでは家庭内暴力が一位を占めている。家庭内暴力の直接的原因は飲酒だが、飲酒の背景にはやはり不景気による不安感があるとされている。だが、これらの根底には韓国社会の大きな変化があるようだ。飲酒による暴力、経済不安は今に始まったわけではない。九〇年代以前と現在の圧倒的違いは女性の違いである。家庭内で抑圧されてもひたすら耐えていた女性が、ミレニアムを迎え今世紀に入り、我慢だけが人生ではないことを知ってしまったのだ。女性の高学歴化に伴い、経済力を得た女性たちは、自我に目覚め、自分自身の幸せを考えるようになった。対する男性の結婚観は旧態依然、となると当然男女間に摩擦が生じる。それを裏付けるかのように、ソウル家庭裁判所によると、離婚を申し立てた全体の夫婦のうち、男女とも、高学歴、専門職を持つ夫婦の割合が高いことがわかった。離婚とまでいかなくても、三十代、四十代の主婦の間で急速に広まっているのが不倫だそうだ。興信所に妻の浮気調査を依頼する男性もかなり増えているという。ちなみに韓国ではいまだ姦通罪《かんつう》が存在し、二年以下の懲役に処される。

離婚増加に伴い、韓国社会にさまざまな変化がもたらされている。二人以下の世帯が増え、二〇〇五年には全体の世帯の約四割にも上っている。これは離婚だけでなく、晩婚、少子化などの問題が複合的に作用しているとみられる。また再婚の件数も増えている。統計庁によると、二〇〇五年に結婚したカップルの四組に一組が相手、または両者とも再婚だという。離婚が増えれば再婚が増えるのも当然のようだが、昔は女性の再婚は考えられず、夫に先立たれても、余生は独りで過ごすのが当たり前だった。だが離婚率増加、全体的に男性よりも女性の人数のほうが少ないからか、男性が初婚、女性が再婚という逆転現象も起きている。ブラックユーモアのようだが、女性が再婚しやすくなったことが離婚増加の一因だともいわれている。実際に再婚した夫婦がまた離婚するケースも多く、「離婚の最大の原因は結婚」という言葉もうなずける。しかも再婚者の離婚の中でも、初婚男性＆再婚女性カップルの離婚が増えているというから、やはり恐るべし女性パワーである。

女性が離婚しやすくなったとはいえ、子供のいる女性が離婚した場合、一番の問題になっていたのが、子供の姓だった。女性が養育権を得て引き取っても、子供の姓を母親の姓に変えることは法律で禁じられていた。さらにはその女性が再婚した場合も、子供の姓はあくまでも実の父親の姓を維持することが義務付けられ、再婚男性との間に子供ができた場合、兄弟同士で姓が違ってしまい、一家にいくつも姓が存在することになってしまった。それが子供のいじめに発展するケースも多く、ここ数年女性の間から法改正の声が上がっていたが、それもようやく解決し、二〇〇八年からは子供が不利益を被る場合、姓を変えられることになった。これでますます離婚しやすい環境が整ってしまったかもしれない。

泣き叫ぶ女性に麻縄姿の遺族 ドラマでよく見るお葬式事情

韓国と日本の文化や慣習は似ているようで、驚くほど違いがあるものも多い。その一つが葬儀の風習ではないだろうか。日本の一般的なお葬式は「しめやか」という一言で表現できるが、韓国の葬式はしめやかというより、むしろ「にぎやか」に近く、騒々しくもある。だからといって故人の死を喜んでいるわけではない。これも文化の違いだ。

現代の韓国は仏教徒やキリスト教徒が多いが、信仰宗教にかかわらず葬式は儒式にのっとって行われることが多い。朝鮮時代においては、葬儀は三日葬、五日葬、七日葬のいずれかで行われて最後の日に埋葬し、その後三年間喪に服す三年喪が普通だったが、現在は三日葬で済ませるのが主流だ。臨終から、遺体を埋葬（火葬）するまでのこの三日間、韓国ではずっとにぎやかなのだ。

臨終後、遺族の「アイゴー、アイゴー」と号泣する声が葬儀の始まりの合図でもある。ドラマを見ていると、病院で遺族が号泣しているシーンがよく登場する。ドラマだけでなく、ニュースでも事故などで幼い子供を亡くした親が、なりふり構わず大声で泣いている姿がよく映し出されている。涙をぐっとこらえる日本の遺族の姿とは対照的だが、韓国人のこの姿は、何代も前から受け継がれてきた儒教的なしきたりと深い関係があるようだ。

儒教を社会の基本思想としていた朝鮮王朝時代では、遺族が号泣することを制度化し、大声を上げて形式的に泣くことを定めたのだ。それが〝哭《こく》の儀式〟と呼ばれるもの。遺族は初喪の間、朝夕と泣き続けなければならず、葬儀が長引くと大変なので、代わりに泣いてくれる人を雇える代哭制もあった。それがいわゆる泣き女と呼ばれる、葬儀や埋葬の場で泣くことを職業とする人々のことだ。現代では泣き女はほとんど消滅しているが、それでも田舎の方では、一族の中で、葬式で泣き女役を務めるメンバーが決まっているという家門もあり、哭の儀式は少なからず残っているのだ。

葬儀の際、喪主は遺体を守るという意味で、三日葬の場合、三日三晩徹夜をしなければならない。韓国では葬式が出ると、喪主の親しい友人、知人は何を置いても必ず駆け付けるという空気があるが、友人たちもたいてい喪主の徹夜に付き合う。そこで登場するのが、国民ゲームの花札だ。寝てはいけないので、弔問客は眠気覚ましに一晩中ゲームに興じているのだ。酒あり、賭博あり、歌あり、とても葬儀の場とは思えない光景だが、弔問客がわいわいやることにより、遺族の悲しみを慰めているのだとか。だが言うまでもなく、にぎやかに過ごすのは、両親が長生きをし、寿命をまっとうしたときなどに限る。

以前は、葬式は各家庭で行われていたが、最近の韓国では、大きな病院のほとんどに葬儀場が併設されていて、臨終から葬儀、出棺まですべて病院で行える病院葬が主流になっている。面白いのは、病院の葬儀場でもちゃんと花札ができるスペースが確保されていて、花札まで用意されていることだ。また食事もすべて葬儀場で用意してくれる。遺族にとってはかなり楽な葬儀ができるようになっている。

葬式で目に付くのは、遺族の喪服ではないだろうか。喪主は原則、その家の長男が務めるのだが、生成りの麻のパジチョゴリ（韓服）に麻の上着を羽織り、麻のずきんをかぶり、ずきんの上に屈巾《クルゴン》という縄を着用する。これが屈巾祭服《クルゴンチェボク》と呼ばれる伝統的な喪主の喪服だ。女性の遺族は基本的には白いチマ・チョゴリを着て、髪に白いリボンを付ける。

儒教では、親の死は子の罪のせいだとする。遺族が白装束に身を包むのは、罪人に見立てるという意味がある。だが現在、これを一式身にまとっている人は少なく、喪主は黒いスーツに麻のずきんをかぶり、腕に喪主の印の腕章を付けている程度だ。儒教の教えでは、葬儀を盛大に行うことが子孫の務めとされたそうだが、都市化が進み、葬儀の簡素化も避けられないようだ。

国中がお墓に!?
孝行精神ゆえの悩み

儒教精神が息づき、両親を敬い大切にすることが、人として最も大事な道理とされる韓国では、その孝行精神は両親が生きている間だけでなく、あの世に見送った後も続く。その代表が祭祀《さいし》の風習と言える。祭祀には、命日に行う忌日祭祀《キイルチェサ》、旧盆や旧正月の朝に行う茶礼《チャレ》などがあり、忌日祭祀は四代上の先祖までを行うのが基本だ。それ以上の先祖には一年に一度合同で墓祭《ミョジェ》という祭祀をささげる。この伝統を守っている保守的な家庭では、ほぼ一カ月に一回は祭祀を行っていることになる。それはもちろん長男の務めであり、実務

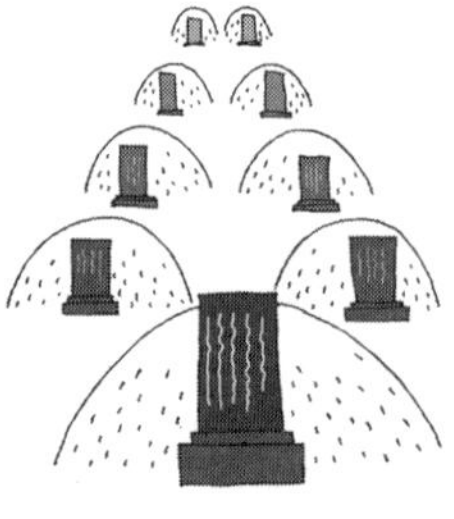

者はその嫁なので、韓国では日本以上に長男は結婚相手として回避されてきた。さらに、長男はこの祭祀の前に解決しなければならない問題もある。両親の墓の確保だ。

儒教では両親が亡くなった際、葬式を盛大に行うことが孝行だとされたが、その後の埋葬の仕方は、土葬にするのが一般的だ。仏教の影響が強かった高麗時代までは火葬が一般的だったようだが、儒教において火葬は親不孝とされ、儒教が取り入れられた朝鮮時代からは火葬から土葬に移行していったのだ。土葬して先祖供養の祭祀を行うことが生きている者の務めであり、先祖崇拝により子孫繁栄にもつながると考えられてきた。

韓国のお墓は山の上に作られるのがほとんどで、風水でその位置が決められることが多い。韓国の田舎を旅すると、小高い山の中腹にこんもりとした土まんじゅうがあるのが目に付くはずだ。それが韓国式のお墓である。一つだけあったり、二つ、あるいは近くに複数あったりするが、それは夫婦や家族など、家族単位で葬られているものだ。田舎の道すがらに見るそういった墓は割と質素なものが多いが、見えっ張りな韓国人は、お墓においても権勢を誇示しようとする傾向にある。風水によって名所とされる場所は土地の有力者や金持ちが買い占め、必要以上に大きなお墓を建てることも少なくなかったようだ。

そうやって親孝行のため、子孫繁栄のため、体面のためといって次から次へと山を切り崩す間に、気付いたら四方八方お墓だらけ、という事態になってしまっていた。現在、韓国全国の山野に墓が散在し、政府が把握しているだけでもその面積は国土の約一パーセントに該当するといわれている。それは国内にある工場面積の三倍、宅地面積の半分の広さにも及び、しかもそのうちの約四割が現在は無縁墓地となり、野ざらしの状態にあるという。このように、このままでは生きている人の土地が死んだ人に食われてしまうのは必至となると、韓国政府もその対策に乗り出した。それが火葬奨励だ。そのかいあって、九〇年代には二~三割に過ぎなかった火葬率が二〇〇五年にはついに五割を超え、このままいけば、二〇一〇年には七割が火葬になると政府は予測しているようだ。頑固なようで意外と臨機応変な対応ができるというのも韓国の国民性のようだ。特に危機的状況に陥ると爆発的な力を発揮する。韓国人も、体面よりも現実を直視するようになったのだ。

余談だが、韓国人と食事をしていて驚いたことがあった。火葬が一般的な日本では、食事の際に、はしとはしで食べ物を受け渡すはし渡しはタブーとされているが、火葬が根付いていない韓国では、それをみんな普通にやっているのだ。郷に入れば郷に従えとはいうものの、それだけは気が進まず、一度皿に置いてもらうようにしている。

こうして国民の意識が少しずつ変化し、国土が墓地で埋め尽くされる事態は回避され一安心。と思ったのもつかの間、次は火葬施設の問題が起きている。日本でもよく見掛ける、地域住民による火葬場建設反対運動だ。火葬は大いに賛成、でもうちの町はＮＯ！というのは韓国でも同じようだ。納骨堂施設の建設も困難で、数少ない納骨堂をめぐり、マンション分譲時の争奪戦のような現象も起きている。また、自分は火葬でも構わないが、親はやはり故郷の土に埋めてあげたいという意識も根強く残っているようだ。そうなると、やはり当分の間は土葬と火葬が並行していくのではないだろうか。

やっぱり寡黙でいてほしい俳優

ソ・ジソブ

俳優とのインタビューは時間との戦いでもある。特に有名スターの場合、聞きたいことはたくさんあるのに、与えられる時間は短いことが多いので、相手の返答を聞きながら質問の組み立てを考え、いかに効率のいいインタビューにするかが問題だ。だから普通は時間が足りなくて残念だったと思うことが多いのだが、中には時間が余ってしまって困った俳優もいた。そのうちの一人が、韓国で「バリでの出来事」「ごめん、愛してる」で人気スターになり、日本にも根強いファンの多いソ・ジソブだ。

公益勤務要員として軍入隊中の彼が、二〇〇六年にイベントで日本に訪問した際、インタビューをする機会があった。単独のインタビューだったが、与えられた時間は一社三十分ずつ。写真撮影もあるので、インタビューに使える時間はわずか二十分だ。その時間内にファンの気になることをできるだけ引き出そうと、意気込んでインタビューに臨んだ。

ただ、彼はもともと口数が少なく寡黙なことで有名で、インタビュアー泣かせの俳優の一人でもある。共同通信社ソウル支局の記者で、「もっと知りたい！韓国ＴＶドラマ」でも活躍しているベテランのＫ記者も泣かされた一人だ。韓国の俳優は割としゃべる人が多く、相手が答えてくれている間に次の質問を十分考えられるのだが、彼の場合は返答がほとんど一言二言であっという間に終わってしまい、こちらに次の質問を考える余裕を与えてくれないのだ。そのせいで、Ｋ記者もインタビュー中に冷や汗が出たと言っていた。事前にその話を聞いていたので、その日はどんなに短い返答にも対応できるよう、いつもの倍の数の質問を用意していった。

万全を期し、いざインタビュー！　やはり噂《うわさ》どおりツワモノだ。インタビューはとんとん拍子？に進み、あっという間にいつもの倍の質問事項を消化し、最後の質問を終えて時計を見ると、なんとまだ一分も時間が残っていた。時間は余っても、聞きたいことはすべて聞けたという、いつもと違う妙な満足感を得たところで、残りの一分は写真撮影に回すことにした。

誤解のないように言っておくが、返答が短いからといって、決して感じが悪いわけではない。むしろ礼儀正しく、インタビュー開始前に深々とあいさつされ、先に着席するよう促してもくれた。寡黙な彼を、インタビューしているこちらがいじめているようで、申し訳ない気持ちになったくらいだ。あの涼しげな顔で、ものすごくおしゃべりで機関銃のようにしゃべる、というのも何なので、ある意味ホッとした。ちなみにお酒が入ると、いつもよりはしゃべるという情報もあり。

お酒が進む韓国料理

お酒とおつまみ編

コプチャン（ホルモン）好きの私は、コプチャンと焼酎、ビール、韓国の伝統酒など、いろいろなお酒を試してみたが、一番相性がいいのは焼酎だ。甘みの強い韓国焼酎と、塩味で淡泊なコプチャンのゴールデンタッグは、韓国料理編に続き不動の１位！

２位のビールとフライドチキンは、韓国では夜食としても人気の高い組み合わせ。韓国にはフライドチキン専門のお店が街の至る所にあり、主に生ビールのあてとして食されている。フライドチキンの中でも、甘辛いソースに絡めたヤンニョムチキンは、韓国ならではなのでお勧めだ。でも実は、この組み合わせは最もいけない食べ合わせなのだとか。しかも夜中に食べると、メタボ人生まっしぐら！その割には韓国の女の人は細い。

３位はワインと焼き肉。焼き肉というと、タレに漬けた牛肉を思い浮かべる人が多いと思うが、韓国ではそのまま焼いて、塩だけや塩入りごま油に付けて食べることも多い。肉の味そのものを楽しむのだ。上質の韓牛と上質のワインさえあれば、至福の時が過ごせる。ワインと韓国式腸詰めのスンデも意外といける。マッコリと蒸し豚はちょっとおやじくさいが、食べ合わせも良くて、美味。

お酒＆おつまみ
Ranking

1位	焼酎とコプチャン
2位	ビールとフライドチキン
3位	ワインと焼き肉
4位	マッコリと蒸し豚
番外	ワインとスンデ

第3章

美容にまつわる
エトセトラ

美への探究心は世界一！整形大国のお顔事情

韓国のことわざに、「十年で山河も変わる（歳月の流れとともにあらゆる事物が変化する）」という言葉があるが、一九九八年から韓国に暮らし、ここ十年でつくづく変わったなと感じることがある。韓国人の顔だ。特に若い男性がかわいくなったのが目立つ。十年前の韓国の青年というと、刈り上げに眼鏡、チノパンに綿のベストというスタイルがほとんどだった。それが現在はおしゃれで個性的なスタイルが増えている。

それは若い女性にもいえることだが、女性の顔の変化といえば、特にメークが薄くなったことが挙げられる。十年前はちょうど韓国の厚化粧全盛期のころで、当時は大韓航空の客室乗務員のお姉さんも、銀行の窓口のお姉さんも、大学生までみんな、真っ黒いアイシャドーに唇にはどす黒い口紅をはみだし気味に引き、お面のような強烈な顔をしていた。顔も怖いし、はっきり物を言う人が多いので、ニッポンナイズされていた私にとって、韓国女性は正直、ちょっと引いてしまう存在だった。

そんな彼女たちの顔も、二〇〇〇年に入ると少しずつ薄化粧になり、ウェルビーイングブームの影響もあり、現在ではすっかりナチュラルメークが定着している。現在はむしろすっぴんであることを自慢したがる傾向にある。それがセンオル（生顔）ブームであり、日本でも流行の兆しを見せているBBクリームの大流行を呼んだのだ。化粧をしていながら、いかにノーメークに見せるかがポイントだ。そうなると気持ちも穏やかになるのか、単に私が慣れただけか、最近の韓国女性はギスギスした感じが取れたような気がする。

山河が変わり、男の子がかわいくなり、女性のメークが変わった現在だが、それでも変わらないものがある。〝美〟を追求する女心だ。現代の韓国女性は特に外見にこだわるといわれている。そのため韓国では美肌を生む優れた化粧品が発達し、海外の有名ブランドも、まずは韓国市場で反応を見るともいわれる。そして整形大国・韓国を作り上げたのもそんな彼女たちだ。海外でも韓国女性というと整形美人というイメージが定着しつつあるようだが、韓国国内でも、「韓国女性の整形手術率は世界一位」などという情報があふれ、整形大国であることを自覚しているようだ。本当に世界一位なのかは不明だが、実際に整形をしている人は多く、整形を肯定的に考えている女性が多いようだ。複数の調査の結果を見てみると、そのほとんどで女性回答者の五割以上が一回以上整形を経験していると答えている。また十代、二十代の女性を対象にした調査では約八割が整形の必要性を感じているいると答え、男性のほうも「恋人の整形には絶対反対」は約一・五割だけという結果もあった。調査を百パーセント信頼するわけではないが、それでも女性自らが整形を求め、それを許容する社会的風潮が形成されているのが見えてくる。ソウル江南《カンナム》の鴨鷗亭《アックジョン》洞《ドン》には

〝整形通り〟と呼ばれる整形専門の病院が何軒も軒を連ねている地区があるほどだ。

整形自体は個人の問題だが、問題は韓国女性が必要以上に外見コンプレックスに陥っていることではないだろうか。その外見コンプレックスは、韓国社会（韓国男性と言い換えてもよさそうだが）の外見至上主義の産物だという見方が大勢を占めている。女性は美人でないと就職できず、結婚もままならないという強迫観念にかられているのだ。現時点ではその解決策が整形のようだ。より良い未来をつかむために女性は整形を辞さず、世間体を気にする男性はたとえ整形でも、恋人や妻は美人のほうがいいというゆがんだ美の追求のスパイラルから抜け出せないでいるのではないだろうか。

美を追求するのはいいが、目はパッチリ二重であごはVラインに体はスリムなSライン、という型にはまった美しか許されない中、韓国美人は判を押したような美人が多い。せっかくすっぴん美人がもてはやされているのだから、〝オリジナルの美〟の価値が見いだせるようになればいいのだが、今はスッピン仕様の童顔整形がはやっている。なんとも…。

韓国人の美肌の秘訣《ひけつ》？
あかすりでつるつるたまご肌

韓国旅行の楽しみの一つとして、焼き肉やショッピングに加え、韓国式あかすりを挙げる人も多いはずだ。どっしりとして安定感のあるアジュモニ（おばさん）に、隅々までゴシゴシやられるあのイタ気持ち良さを忘れられない人も多いはず。実際に韓国では、あかすりは日常的に行われている。庶民のあかすりの場はもっぱら沐浴湯《モギョクタン》という日本の銭湯のような大衆浴場で、どこの沐浴湯にもあかすり専門の、職人技のアジュモニたちが少なくとも二、三人常駐している。韓国でのあかすりを体験済みの人はおわかりだろうが、彼女

たちの衣装はなぜか黒いブラジャーと黒いパンティー。まるであかすり協会からのお達しでもあるかのように、どこの沐浴湯でも同じような格好をしているのだ。もっとも、最近では花柄など、バリエーションをつけているアジュモニも目に付くが。

沐浴湯では、この黒ブラ黒パン姿のアジュモニにあかすりを頼む人も多いが、普通は自分でゴシゴシやることが多い。韓国人はお風呂に入るために沐浴湯に行くというより、あかをこすりに行くようなものだ。その証拠に、なぜか〝イタリータオル〟と呼ばれるあかすり専用のざらざらなタオルを必ず携帯している。浴場には、ぬるめのお湯が入った円形の大きな湯船と、熱めの小さな湯船、冷水の湯船、そしてサウナがあるのが基本。その中でぬるめの湯船は、なぜか浴槽の中よりもその周囲に人が集まっている。湯船に沿ってそれぞれがぐるりと陣取り、そこでみんな一心不乱に同じ動作をしているのだ。マイ・イタリータオルであっちをゴシゴシ、こっちをゴシゴシ、その手際の良さは黒ブラ黒パンおばさんにも引けを取らない。頭を除き、顔からつま先まで、こすり残しがあってはいけないと、みんなものすごい集中力と勢いでこすっている。驚いたのは、まだ一歳にも満たないような赤ん坊の顔を、お母さんが一生懸命こすっていたことだ。しかも大人が使っているのと同じざらざらのタオルでだ。韓国人の肌がきれいなことは有名だが、その秘密は、子供のころからこのあかすりで鍛えられているからなのだろうか…。浴場の隅にシャワーコーナーもあるのだが、あかすり場所にはなぜかみんな湯船の周りを好む。なので当然、湯船には白い異物がプカプカ。だから湯船につかる人が少ないというのもある。

あかすりをするのは一週間に一回程度で、だいたい親子で来ていて、お互いの背中をこすり合っている。そんな中で一人でいると、やっぱり一人で来ているおばさんに目を付けられる。全く見ず知らずのおばさんに背中の流し合いをしようと言われ、損した気分になったことがあった。自分の三倍くらいのおばさんの背中をゴシゴシする羽目になったからだ。ちょっと力を緩めると、すぐさま「もっと思いっきり!」というゲキまで飛んでくる。

しかしそんな他人同士の肌と肌の触れ合いは、最近ではもうほとんど見られなくなっている。人と人との付き合いが、以前より大分希薄化していて、他人に気安く声を掛けられなくなってきているのではないだろうか。

一般の人が沐浴湯専属のあかすりのプロに頼むのは、たいてい一カ月に一回程度だろうか。入場料の約三倍の料金がかかるので、そうそうぜいたくはできないのだ。うわさに聞いている方も多いだろうが、ひとたび体を任せると、彼女らの手が触れない所はないほど、とにかく隅々、奥の奥まで入念だ。まな板の上のコイ状態で、彼女らに恥ずかしいという概念は通用しない。しかもあかすりコーナーは浴場との仕切りもないので、ほかの利用客にもまる見えだ。しかし施術後のお肌の、あのつるつる感を味わったら、そんな恥ずかしさはどうってことはない。すりおろしたキュウリパック、牛乳、マッサージ用のオイル、お肌に良さそうな独特の香りに包まれながらの至福の時間は、主婦にとってのちょっとしたご褒美のようなものかもしれない。ただ、いくら気持ちがいいからといって、やりすぎはやはり禁物のようだ。あかすりのし過ぎで皮膚科を訪れる人も少なくないという。

若者カップルから熟年夫婦まで マルチな施設、チムジルバン

あかすりの項で、そのメッカは銭湯という話をしたが、実は最近の韓国ではこの銭湯はほとんど淘汰《とうた》されていて、その代わりにチムジルバン（찜질방）という新種のサウナがぐんぐん勢力を伸ばしている。新種といってもチムジルバンが出来始めたのは九〇年代後半で、その後は雨後のたけのこのように、急速に増加、進化している。ドラマにもよく出てくる、Tシャツ、短パン姿で男女一緒にサウナが楽しめる所で、現在はサウナにあかすりはもちろん、フィットネスクラブ、インターネット、マナバン（漫画部屋）にノレバン

（カラオケ）といったレジャー施設が備わった、複合文化レジャー施設になっている。銭湯を社交の場としていたアジュンマたちが、このチムジルバンに大挙移動したため、既存の銭湯はチムジルバンに衣替え、または廃業という形でほぼ自然消滅していったのだ。

チムジルバンの特徴は男女共同のサウナエリア。サウナの種類の多さが魅力だ。黄土サウナ、アメジストサウナ、炭のサウナ、塩のサウナ、麦飯石《メクパンソク》という岩石を熱したサウナ、韓国好きにはよく知られている汗蒸幕《ハンジュンマク》という独特の高温サウナも備えている所が多く、目移りしてしまう。巨大な冷凍庫のような部屋がある所もあり、まさに砂漠と南極を行き来する気分を味わえる。これだけの各種サウナ、複合施設をすべて満喫するには、一、二時間ではとても足りない。だからか、チムジルバンはたいていどこも二十四時間営業と、うまくできているのだ。腰を据えて、一日がかりでサウナや付帯施設を利用する人が多い。しかも食堂もあり、仮眠室まで付いている所も少なくない。これだけそろって、入場料は六千ウォンから八千ウォン。深夜はだいたい二千ウォン増しだが、それでも日本円にして千円程度だ。そのため、主婦の社交の場としてだけでなく、サラリーマンが旅館代わりに利用することも多い。ちなみにドラマでは、家族とケンカして家を飛び出したが、行くところのない老人が結局たどり着く場所としてよく描かれている。しかしこれはドラマだけの話でなく、未成年者の家出の温床となっていることが問題になっている。

いまや老若男女に愛されているチムジルバンだが、一番歓迎しているのは、付き合い始めて間もないカップルだという話も聞こえる。もちろん、目的はサウナでいい汗をかくことではない。男女一緒に入れて、しかも中は薄暗く、寝転がっている人がたくさんいる。密閉された狭い空間で、自然とスキンシップが図れるのだ。彼女のほうは、サウナの効果で美肌になり、すっぴんを堂々と見せられるという特典付きだ。しかも低料金なので、これ以上ないデートスポットだろう。若いカップルが目立つのもそのためだ。

チムジルバンでぜひお勧めなのが、麦飯石鶏卵《ケラン》という焼き卵だ。熱い麦飯石の上で、長時間殻ごと卵を焼いたもので、中は薫製のように褐色になっていて、ゆで卵よりも多少硬い。それにシッケというお米で作った韓国の甘い飲み物を合わせるのがベスト。シャーベット状の冷たいシッケは、サウナでほてった体を冷まし、疲れを吹き飛ばしてくれる。よく見ると、ほとんどの人がこの組み合わせで間食を楽しんでいるのがわかるはずだ。適度におなかを満たして、もう一風呂となる。

最近のチムジルバンはさらに進化していて、ラグジュアリー・チムジルバンと呼ばれるものもある。料金は一万ウォン程度で普通より高めだが、豪華でセレブ気分が味わえる。

〈サムスンの羊頭《ヤンモリ》〉

2005年放送の「私の名前はキム・サムスン」の中で、チムジルバンでサムスンが頭に巻いていたタオルの巻き方。ドラマ放送後、この羊頭はチムジルバンで大流行し、現在もよく見られる。髪の毛は高温に弱いので、髪を保護するという意味でも役立つ。

①三等分の目安をつけて、折る
②三等分して折ったもの
③筒状になった一方の端を中心に向かって丸める
④もう一方も同じ要領で丸めて、自分の頭のサイズに合わせて完成！

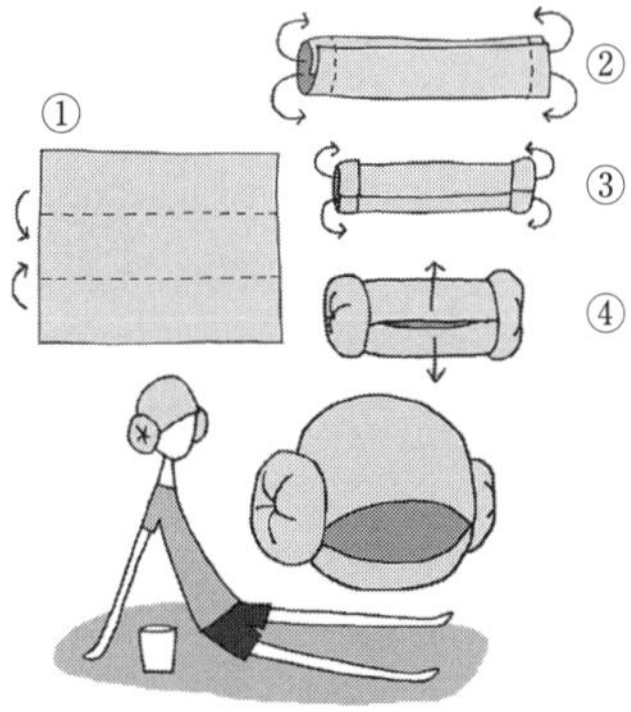

韓国に吹き荒れるウェルビンブーム
街中にあふれる健康商品

漢方が一般市民の生活に定着している韓国では、本格的な冬を目前にした晩秋に漢方薬を飲んで、厳しい寒さをしのぐための〝越冬準備〟をする人が多い。そこでふと「웰빙(ウェルビン)」という単語が浮かんだ。韓国で九〇年代以降見直されてきた漢方を基にした韓国独自の韓医学こそ、「ウェルビン」精神にかなったライフスタイルの一例ではないかと思いつつ…。

韓国に関心のある人なら、一度はこの「ウェルビン」という言葉を耳にしているのではないだろうか。とにかく最近の韓国では、テレビのニュースや情報番組でもこの言葉を聞かない日はないほど街中にあふれている。ウェルビンとは英語のウェルビーイング（well-being）のことで、「健康で幸せな人生」をモットーにしたライフスタイルを指す、いわゆる「健康ブーム」だ。それが、韓国ですさまじい勢いで広がっている。

「ウェルビーイング」はもともと、アメリカで反戦運動や民権運動の精神を継承した中産階級以上の市民が、先端文化に対抗し、自然主義にのっとった人生を掲げたことから始まったといわれている。つまり、経済的な豊かさではなく、個人主義的な価値観を基に、精神的、肉体的に健全で、平穏な人生を追求するというのが米式「ウェルビーイング」だ。九〇年代末から二〇〇〇年ころにアメリカで広まったこのライフスタイルが韓国に伝わったのは、二〇〇二年ごろ。雑誌で紹介されると、一部の主婦の間で話題になり、それがどんどん広がった。ちょうどそのころ、「食と健康、漢方」を題材にしたドラマ「宮廷女官チャングムの誓い」が大流行すると、ドラマの力も加勢して韓国の「ウェルビン熱」は一気に高まった。

一時の流行のように思われていた「ウェルビン」だが、現在もあらゆる産業におけるマーケティング戦略のキーワードになっていて、韓国人のライフスタイルになりつつある。産業の中でも一番積極的に取り組んでいるのが、健全な生活に直結する食品産業だ。体に良くて安全な食品への消費者の関心はいつになく高まり、企業も競ってウェルビン食品の開発に乗り出している。この「ウェルビン」ブームで一躍脚光を浴びたのが、有機野菜とワイン。ちょっと高めでも有機野菜は人気で、大型スーパーには必ず有機野菜のコーナーが設置されるようになった。また、韓国では数年前まで自宅でワインを楽しむ人はほとんどいなかったが、ワインは健康にいいだけでなくダイエットにも効果があるといわれると、女性を中心に愛好者が増え、現在は廉価でおいしいワインが手に入るようになった。

体の中がきれいになったら、お次は外。アメリカの「ウェルビーイング」文化の中心にヨガや瞑想《めいそう》があるように、韓国でもヨガが大流行し、それと並行するようにフィットネス

クラブ、スパなど、美容と健康に投資する人もどんどん増えている。同じ時期にヨガに熱中し始めた芸能人らが独自のヨガダイエットビデオなどを発売し、こちらも好評を博している。もちろん、エステにおいても「ウェルビン」の風は吹き荒れている。漢方に使われる薬草を原料にしたパックなど、自然のものを取り入れた環境にやさしい化粧品がブームを呼んでいる。また、「ウェルビン」は自然をキーワードにしているだけに、ここから派生したと思われるのが「생얼（センオル）」ブーム。直訳すると生顔、つまりすっぴんのことだ。内と外から磨いた自慢のすっぴんを、人に披露したいというのが女心というものだ。すっぴんに見える薄付きのファンデーションなどがどんどん開発されている。

ここまでくると、韓国社会は「ウェルビン」を中心に動いているように思われるだろうが、あながち当たっていなくもないのだ。とにかく食品から化粧品、家電、マンションまで最近のヒット商品はすべて「ウェルビン」をうたっていて、病院までインテリアと診療のコンセプトを「ウェルビン」にしたら患者が増えたそうだ。

先祖から受け継がれてきた知恵
意外と効果バツグン!?の民間療法

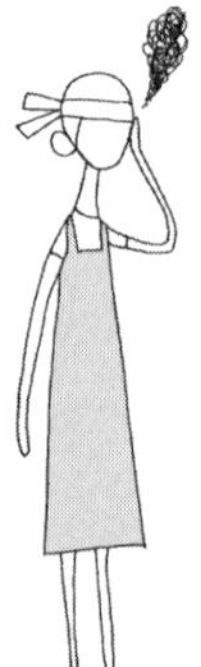

韓国には数多くの民間療法が存在するが、韓国ドラマにもよく登場する、韓国人なら誰もが知る民間療法をいくつか紹介しよう。まずは、日本の韓国ドラマ好きなら誰もが一度は疑問に思ったであろう、頭痛のときの対処法。息子の結婚、夫の不倫など、家庭内で問題が起きてお母さんたちが頭痛を起こしたとき、必ず登場するのが、おでこの白い鉢巻きだ。「アイゴー、アイゴー」と泣きながら、床に布団を敷いて寝込んでいるお母さんの頭には、日本では運動会のときぐらいにしか見ることのない鉢巻きがきつく巻かれている。

韓国人に聞いてみると、「なぜだかわからないけど、実際にやってみると頭痛が収まる気がする」という答えが返ってくる。いろいろな意見を総合してみると、頭痛の原因の一つとして、ストレスによる血液循環の悪化が考えられ、鉢巻きできつくしばって頭の周りを刺激することにより、鈍化している血液循環を促進させて頭痛を緩和させる効果が生まれるということのようだ。韓ドラのお母さんたちの場合、ストレス性の頭痛であることはほぼ間違いないから、やはり正しい対処法のようだ。ただし、なぜ白なのかは不明…。

お次は卵。卵と聞いただけでピンと来た方も多いだろうが、再度お母さんたちに登場してもらうと、夫になぐられたりして次の日に目の周りにあざができると、必ず卵が登場する。あざが出来た部分に卵を当ててグルグルと回すのだが、こうすることにより治りが早くなって、跡が残らないといわれている。あざはそもそも、外的刺激を受けて、皮膚の下で毛細血管が破裂し、流れ出た血液が固まって赤くなったり、さらに深いところにある血管が破裂すると青あざになるそうだ。その血が固まった部分を卵でそっと揉むと、血液循環の促進を促し、治りが早くなるというメカニズムというわけだが、ここで、必ず卵でなければならないのか、ほかの物でも代用可能かは意見が分かれている。生卵が毒素を吸い取る役割を果たし、ゆで卵やほかのものでは効果はないと主張する人もいれば、皮膚科の医師などは患部を揉むことで効果があるので、丸い物であれば卵でなくても構わないとしている。卵が使われるようになったのは、一番身近にあって、手にするのにちょうどいいからだといわれていて、実はゴルフボールでも何でもいいらしい。しかし年配の人の中には、卵でなければならないと固く信じている人が多いようだ。呪術《じゅじゅつ》療法も民間療法のうちなので、自分の信じる卵パワーを使ったほうが効果も上がるのかもしれない。卵揉みに関しては私も経験済みで、卵をクルクルした部分とそうでない部分では、揉んだ部位のほうが治りが早かった…気がする。いずれにしてもこれは使える民間療法のうちの一つ。どうせならドラマの登場人物になったつもりで、卵を使用することをお勧めする。

最後に腹痛を起こしたとき。ドラマに登場することは多くないが、本国だけでなく在日の家庭でもよく行う先祖伝来、効果抜群の療法がある。食あたりを起こしたとき、韓国人の家庭で登場するのは胃薬ではなく、針と糸。準備ができたらどちらか一方の腕を上から下にさすり、親指に血液が集まるようにする。何度か力強くさすってから親指のちょうど第一関節の辺りを糸でグルグル巻きにしてつめの根元に血を集め、つめから約三ミリの皮膚を針で一突き！　すると、普段は差してもたいして血が出てこないそこから、驚くほど真っ黒で、いかにも悪者、といった血があふれ出てくるのだ。黒い色が鮮やかな赤色に変わるまでぎゅっとしぼり出すと、ゲップが出てきて、いつの間にか腹痛が緩和されている。なんとも不思議な魔法のような現象が起きる。一説によると、手の先を刺激することによ り鈍っていた胃の働きを活発化させ、腹痛が緩和されるそうだ。詳しい仕組みはよくわからないが、とにかくこの効き目は私も何度も経験しているので保証できる。韓国人にとっては最もポピュラーな民間療法だ。宿泊先のある有名ホテルで針と糸を借りに行ったら、「おなかが痛いのですか？」と聞かれた。そのときは確かにそうだったので、驚いた。

同じ人類とは思えないスタイルの良さ

カン・ドンウォン、チョ・インソン、ソ・ドヨン

韓国ドラマのライターとして、本格的な活動を始めたのは二〇〇四年からだったが、選んで仕事をしているわけではない（はずだ）が、これまでイケメン俳優の取材を行うことが多かった気がする。中でもカン・ドンウォンの取材のチャンスが訪れたときは、正直、仕事を忘れてしまった。彼のドラマ初出演作「威風堂々な彼女」ですっかり一目ぼれしてしまっていたからだ。私がカン・ドンウォンに初めて会ったのは、彼が映画『オオカミの誘惑』のプロモーションで日本を訪れたときのことだ。初日はマスコミ全体の記者会見があり、翌日に媒体四、五社合同の囲みインタビューが行われた。半径一メートル以内接近に成功した瞬間だ。彼は韓国のマスコミではよく八・五頭身、九頭身ともいわれているが、その顔の小ささ、体の線の細さは、まさに少女漫画の主人公そのものだ。彼はシャイで口数も少なく、どちらかというとインタビューしづらい相手だといわれていた。だがその日会った彼は、海外メディアを前に緊張した様子も見せず、よくしゃべり、気楽にインタビューに応じていた。日本の食べ物で好きなのは、たこ焼きとモスバーガーという無邪気な少年のような姿に、私だけでなく、その場にいた女性インタビュアーの多くが心弾ませていた。

カン・ドンウォンの次に会って、カン・ドンウォンを目の当たりにしたときに覚えたビジュアル的衝撃と同じような衝撃を受けたのがチョ・インソン。あの首の長さ、手足の長さは尋常ではない。彼のスタイリストが「手足が長くて国産のブランドは合わず、外国ブランドのジーンズでも

裾《すそ》を切らずにはける」と言っていたことがあったが、納得だ。インタビューは十分間という短い時間ではあったが、礼儀正しく、人間性でも定評のある彼の人柄の良さが伝わってきた。そういえば、イケメン韓流スターとの単独インタビューは彼が初めてだったはずだ。

　ほかにもビジュアル的にこの系譜に属すのは、「春のワルツ」で日本で一躍脚光を浴びたソ・ドヨン。正直、劇中の彼にはそれほど魅力を感じなかったが、実際に会ってみて、ドラマよりずっと明るくかっこいいと感じた。インタビューでの受け答えもしっかりしていて、こちらの聞きたいことをちゃんとキャッチしてくれるところも好感が持てる。

　三人とも元モデルだが、やはりモデルは選ばれた者だけの職業のようだ。同じ人類とはとても思えない。もし自分が男だったら、決して隣に並びたくないタイプだろう。そして全員一九八一年生まれという共通点も持つ。一九八一年生まれにはキム・ジェウォン、キム・レウォンなどもいるが、その年はスター豊作の年のようだ。

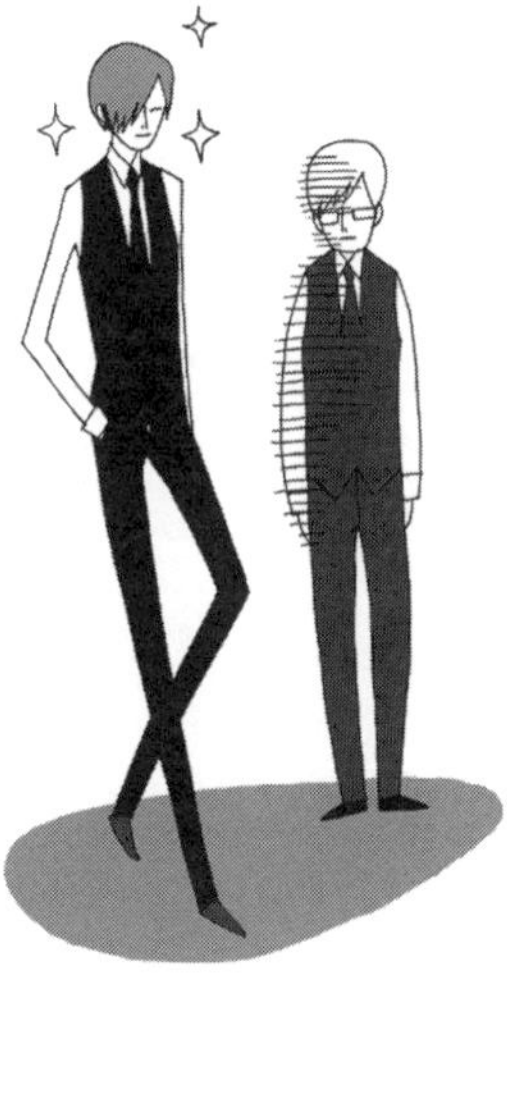

私の好きなドラマはコレ！

韓国ドラマ編

個人的にはコメディー・タッチのものか、連続ドラマのようなとことん生活密着型ドラマが好みだ。メロドラマはちょっと…。でも「イヴのすべて」のように、足長おじさんとシンデレラを合体させたような、これぞ韓国ドラマ！には意外とはまってしまう。なんと言ってもチャン・ドンゴンがカッコいい。「泥棒の娘」はブレーク前のキム・レウォンの出演作品で、姉以外の家族全員が泥棒という無茶苦茶な設定のドラマだ。父親で筋金入りの泥棒を演じているベテラン俳優、チュ・ヒョンが渋い。泥棒のくせに、涙あり、笑いありのヒューマンドラマ（？）なところがすごい。「ずっと会いたい」は韓国でものすごく反響のあったドラマだ。留学したばかりのころに見たので、私にとっては韓国語や韓国文化を学んだ教科書的存在だ。パク・ヨンハが出演していて、好青年のイメージだったパク君に当時からすでに目を付けていた。Rain（ピ）の役者デビュー作「サンドゥ、学校へ行こう！」も、涙あり笑いありの秀作。「威風堂々な彼女」はカン・ドンウォンのドラマデビュー作だが、韓国にもこんなにカッコいい男の子がいたことを教えてくれた作品なので外せない。

韓国ドラマ
Ranking

1位 泥棒の娘
(도둑의 딸／00年ＳＢＳ)

2位 ずっと会いたい
(보고 또 보고／98年ＭＢＣ)

3位 イヴのすべて
(이브의 모든 것／00年ＭＢＣ)

4位 サンドゥ、学校へ行こう！
(상두야 학교가자／03年ＫＢＳ)

5位 威風堂々な彼女
(위풍당당 그녀／03年ＭＢＣ)

第4章

バラエティー豊富な韓国を食す

食卓に欠かせない〝キムチ〟のあれこれ

韓国を代表する食べ物といったら、百人に九十九人は「キムチ」と答えるだろう。いまや韓国ばかりでなく、世界中で注目されている漬物だが、キムチはいつごろ誕生したのだろうか。それは、韓国の三国時代（七世紀ごろ）にさかのぼると見られている。また、キムチは約三千年前に中国で生まれ、三国時代に朝鮮半島に伝わったようだ。キムチが初めて文献に登場するのは『三国志』の「魏志東夷伝」で、「高句麗人は発酵食品に長けている」と記されている。だが、このころの韓国にはまだ唐辛子は伝わっておらず、現在のキ

ムチは誕生していなかった。現在のキムチのエース、〝赤いキムチ〟の登場は、それから約千年後の十八世紀以降とされ、朝鮮時代中葉の宮中で開発されたと言われている。

キムチとは、赤い白菜のキムチだけを指すのではなく、韓国の漬物全般を指す言葉だ。実際、韓国にはさまざまな材料を使ったキムチが存在する。漬け方、材料は、各地方や各家庭、季節によっても異なり、現在わかっているだけでも三百種類以上。その形態によって、キムチ類（白菜のキムチ）、カクトゥギ類（大根を主材料にしたもの）、トンチミ類（冬に漬ける水キムチ）、コッチョリ類（あえ物としてサラダのようにして食べるもの）、センチェ類（日本のなますのように、大根を酢で味付けして唐辛子をまぶしたもの）、チャンアチ類（なすや大根などをみそ、またはしょうゆで漬けたもの）、チャンジ類（長持ちさせるために塩だけで漬けた塩辛いもの。水にさらして水キムチのようにして食べる）、チョリム類（塩漬け）と、だいたい八タイプに分類できる。十八世紀以降に唐辛子を使った白菜のキムチが広まるまでは、大根を主材料にしたトンチミ、チャンジ、チャンアチが主流だったと見られている。特にトンチミは極寒に屋外に出しておくと汁がシャーベット状に凍り、なんともいえない味わいがある。アジア中で人気を呼んだ韓国ドラマ「チャングムの誓い」でも、トンチミの汁が冷麺の汁に使われるシーンが登場する。ドラマにはさまざまなキムチが登場するが、実際に宮中の日々のお膳《ぜん》に必ず三種類は載せられていたという。その昔から韓国人の食事にはキムチは欠かすことのできない存在だったのだ。

昔から韓国の〝食〟は医食同源を基にしている。その代表格であるキムチは、味もさることながら、その効能が現在世界的に注目を集めている。右記のようにキムチには多数の種類があるが、一般的にいわれているのが、キムチの発酵過程で生まれる乳酸菌による効果だ。乳酸菌がキムチの材料に含まれる繊維質と出合うことにより、腸内の抗菌作用、整腸作用を効果的に行い、生活習慣病予防、ひいては抗がん効果もあるといわれている。その他さまざまな効果が語られているが、中でもここ数年で国際的に注目を集めたのが、二〇〇三年の新型肺炎（ＳＡＲＳ）の大流行時だ。中国で発生したとされたＳＡＲＳは、瞬く間にアジア各地に広がり多くの死者を出した。その折、にわかに注目されたのが、(一般的な赤い)〝キムチ〟だ。SARSウイルスが猛威を振るう中、中国と陸続きの韓国では一人の感染者も出ておらず、それは韓国人が毎日食べているキムチの効果だといわれたのだ。当時、科学的根拠はないとされたが、それでも流行のさなかにあった中国や東南アジアでは、キムチの消費が大きく伸びたという。そして二〇〇五年、鳥インフルエンザの流行で再びキムチが注目された。実際に鳥への実験でキムチが効果を発揮することが明らかになり、ヨーロッパやアメリカでも報道されている。古人の知恵が生んだ食べ物が、現代人により引き起こされた病原菌を成敗しているのだ。

世界各地でキムチへの関心が高まる一方で、韓国の若者のキムチ離れが進んでいる。食卓にキムチがなくても気にならない、むしろ嫌いだという若者も増えているというのだ。だが、「キムチがなければ食事じゃない」と言い切る韓国人がいる限り、千年以上の歴史を誇る優れものの〝キムチ〟が韓国の食卓から姿を消すことはないだろう。

カレーの食べ方でわかる韓国人と日本人の見分け方

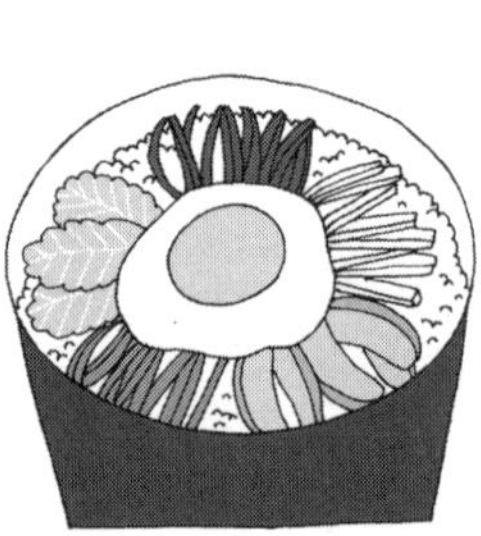

私がまだ留学生として暮らしていたころ、住まいは学生向けの下宿だった。下宿には韓国人学生、日本や外国の学生が共に暮らしていたが、一目で韓国人なのか日本人（在日韓国人含む）なのか、百パーセント見分けが付く方法があった。カレーライスの食べ方だ。普通は服装や髪形、雰囲気などですぐにわかるのだが、まれに微妙な人がいる。そんなときは、夕飯に出されるカレーライスの食べ方を見れば「あなた何人？」などと聞かなくても、おのずと答えが導き出せる。日本人は食べ始めてから食べ終わるまで、一定のテンポ

でご飯とカレーを少しずつ混ぜながら食べていく。しかし韓国人は、「いただきます」の声とともに、カレーとご飯を一気に混ぜ合わせて、あっという間に真っ黄色のご飯にしてしまうのだ。それは紛れもなく、韓国を代表する料理、ピビンパの影響であろう。日本でもキムチ、プルコギに並ぶ韓国料理として知られ、焼き肉屋さんに行くと必ずある韓国式混ぜご飯のことだ。ピビンパ（비빔밥）は、비비다（ピビダ）が「混ぜ合わせる」、밥（パ）が「ご飯」なのでまさに「混ぜご飯」という意味。ピビンパは昔からあり、今でも韓国料理において混ぜるという作業は、至極日常的かつ欠かせない締めの作業だ。

韓国でピビンパという言葉が初めて文献に登場したのは、十九世紀末に編さんされた『是議全書《シウィジョンソ》』という料理本だという。だがピビンパはそれ以前のかなり古くからあったはずだと言われている。その由来は諸説あるが、先祖の祭祀《さいし》と深いかかわりがあるようだ。一族の行事である祭祀には、一度に何十人もの人が宗家に集まる。そのときに振る舞ったものがピビンパだったという。大きな器にご飯と、火を通したいろいろな野菜を入れて混ぜ合わせると、一気に何十人分の食事が出来上がる。また、祭祀後には飲福《ウムボク》といって、先祖に供えた料理や酒を、一族全員で飲食する風習があり、それもやはりピビンパを誕生させた一因だと考えられている。ほかには新年を迎えるにあたり、大晦日に残り物を全部食べてしまわないといけないとされ、そこからピビンパが生まれたという説もある。宮中から生まれたという説もあり、実のところは定かではないが、どれも信憑《しんぴょう》性があり、古くから韓国人に広く歓迎されていた料理であることは確かなようだ。

韓国では地方ごとにさまざまなピビンパが存在するが、その代表格が全羅北道・全州《チョンジュ》の全州ピビンパだ。全州は料理がおいしくて有名な所だが、日本人に人気の石焼きピビンパもこの地域で開発されたといわれる。本来の全州ピビンパは黄色い真鍮《しんちゅう》の器を熱し、そこにご飯と、豆もやしを代表とする二十種類以上の野菜を入れたものだ。全州ピビンパはソウルでも食べることができるが、やはり地元のものは格段においしいそうだ。残念ながら私は本場の全州ピビンパはまだ経験していないが。そのほか、慶尚南道・晋州《チンジュ》のユッケ入りピビンパ、慶尚北道・安東《アンドン》のホッチェサピビンパと呼ばれるものも有名だ。これは薬味のタレに一般的なコチュジャンではなく、しょう油を使うのが特徴だ。どれも甲乙つけがたいが、それでも一番おいしいのは、おなかが空いた夜中に食べる、台所でのピビンパではないだろうか。由来の説でも触れたように、残り物でささっと作れてしまうのがピビンパだ。韓国ドラマで、お母さんたちが台所で銀のボールに冷やご飯とおかずの残り、コチュジャンとゴマ油を入れて豪快に混ぜ合わせ、大口でほお張るあのシーンを見ると、思わずよだれが出てしまうのは私だけではないはずだ。

ご飯に限らず、韓国にはなぜか混ぜて食べる物が多い。チャジャン麺、ピビン冷麺、パッピンスというかき氷まで。韓国では、素材のひとつひとつを味わうというより、その調和を楽しむ食べ方が多い。冒頭のカレーライスの食べ方は、日本人留学生からは実に不評なのだが、これも文化ですから。日本の方も、カレーはともかく、ピビンパを食べるときは豪快に混ぜてからいただくことをお勧めします！

中国にはない中華料理
メード・イン・コリアの不思議な食べもの

腹の中の半分はチャジャン麺、残りの半分は焼酎という韓国人男性がいた。チャジャン麺？　韓ドラ好きにはおなじみのはずだ。主人公たちがチュルチュルとおいしそうにするあの料理。そう、あの汁気のない、黒いたれがかかった太めの麺料理だ。チャジャン麺のないドラマは韓国ドラマではない。時代劇以外はほとんどのドラマに登場しているその麺の正体とは。そして韓国人にとってチャジャン麺とはいかなる存在なのか。

韓国でチャジャン麺が食べられるのは主に中華料理店。庶民が気楽に入れる中華料理店でチャジャン麺のない店はまず見つからず、韓国では中華料理の代名詞にもなっているほどだ。中華料理店を「チャジャン麺屋」と呼んだりもしている。しかし日本の中華料理店ではほとんど目にしたことがない。本場中国には果たして存在するのだろうか。

韓国でのチャジャン麺の歴史は割と古く、初めてチャジャン麺という名で売り出したのが一九〇五年、仁川《インチョン》の中華街で開業した、とある料理店だといわれている。一八八三年、仁川港が開港し、中国との貿易が盛んになると、港の周りには中国人が住み始め中華街になっていった。そのころ、中国人が港の韓国人労働者や一般庶民の口に合わせて改良し、韓国人の心をつかんだのがチャジャン麺だといわれている（チャジャン麺の成り立ちを立証する資料はない）。この説が正しければ、チャジャン麺は中国伝来の材料を使い、中国人により考案された韓国人のための料理ということになる。中国にも炸醤麺（日本のジャージャー麺）という料理はあるが、作り方は全く違う。チャジャン麺は今でいう一種のフュージョン（融合）料理だったのだろう。それが以降百年もの間、韓国で変わらぬ愛情を注がれることになるのだ。

チャジャンとはチュンジャンという中国伝来の黒みそと、細かく切った豚肉や玉ネギなどの野菜を炒めて作ったたれのこと。店で出てくるのは、麺の上にたれをかけただけの状態なので、出てきたらはしで一気に混ぜて食べる。韓国人の食べ方を見ていると、両手にはしを一本ずつ握り、器の両端からはしを入れて瞬時にたれを麺にまんべんなく行き渡らせてしまう。麺の食感と何ともいえない風味が韓国人にとってはたまらないようだ。

韓国では一日になんと七百二十万杯のチャジャン麺が消費されているという統計もある。これは一日に、韓国人の六人に一人が食べているという、とてつもない量だ。その消費に一役買っているのが、出前のシステム。わざわざ店に出向いて食べるのではなく、出前で家や職場で食べることが多い。ドラマでもほとんどそうだ。ドラマ「天国の階段」では河原に持ってきてもらっていたが、それがチャジャン麺の最高の強み。韓国の出前は、住所などなくても電話一本でどこにでも持ってきてくれるのだ。チャジャン麺屋が違うチャジャン麺屋に注文しても持ってきてくれるという笑い話まである。一人前から応じてくれるのも一人暮らしには強い味方だ。そして何よりも安くて早い。「うまい、安い、早い」。どこかのコマーシャルのようだが、この三拍子そろった文句なしのチャジャン麺は、サラリーマンや学生の昼食の主役でもある。その証拠に、お昼過ぎには食べ終わったチャジャン麺の残骸《ざんがい》がビルの入り口や玄関の前に無造作に放り出されているのをよく目にする。器は洗わなくてもいいというのがまた便利。特に男性にチャジャン麺中毒の人が多い。

チャジャン麺は今でこそ安くて庶民の味になったが、七〇年代、八〇年代に子供時代を過ごした世代にとっては幻の食べ物だったそうだ。入学式や卒業式、誕生日など特別なイベントがあるときだけに味わえる、特別な存在だったのだ。幼いころ、めったにお目に掛かれないあこがれのチャジャン麺を、口の周りに黒いたれがつくのもお構いなしに無我夢中でほお張った記憶を誰もが持っている。韓国人にとってチャジャン麺とは、その響きだけで郷愁を誘い、その思いは韓国人だけが共有することのできる特別なモノなのだ。

暑い夏を乗り切るにはこれしかない！
韓国スタミナ料理の切り札

韓国には夏バテ防止に効くといわれる数々のスタミナ料理が存在する。韓国の食文化を語る上で欠かせない〝あの肉〟もそのうちの一つ。日本で土用の丑《うし》の日にうなぎを食べるように、韓国にも「伏の日（ポンナル）」にスタミナ料理を食べて暑い夏を吹き飛ばす風習がある。伏の日は夏の間に三度訪れる。夏至から三度目の庚《かのえ》の日を初伏《チョボク》、四度目の庚の日を中伏《チュンボク》、立秋から最初の庚の日を末伏《マルボク》という。初伏、中伏、末伏は十日おき（中伏から末伏までは年によって二十日のこともある）で、毎年七月末から八月中旬までの間、夏

のうちで最も暑い時期に当たる。

猛暑を制すためにはスタミナ料理が欠かせない。そこでこの日ばかりはスタミナ料理のエース、諸外国からは悪名高き犬肉が登場する。韓国での食用の犬肉の歴史は古く、高句麗（紀元前三七年、朱蒙が建国）の壁画に描かれているのが最古とされている。その後、高麗時代、朝鮮王朝時代と、各時代の王から庶民にまで愛され、現在に至る。

犬肉の食べ方は何種類かあるが、ゆでた肉をたれに付けて食べる「スユク」、そして「補身湯（ポシンタン）」と呼ばれる鍋料理が代表的だ。鍋には湯がいた犬肉、臭みを取るためのネギやセリを入れ、薬味にニンニクやエゴマの粉、山椒の実をたっぷり入れる。もちろんトウガラシの粉も入り、赤くて辛いスープに仕上げる。それをショウガやカラシなど、香りの強いさまざまな薬味や調味料で味付けしたたれにつけて食べるのが一般的だが、味の方は「……」。

「補身湯」とは、古来漢方医学で使われた用語で、体を保護する、体にいいスープという意味を持つ。犬肉は牛や豚に比べ、良質のタンパク質で構成され、コレステロールも少ない。漢方では体を温め、内臓の機能を高めて血行を良くするといわれている。夏の一番暑い盛りに犬肉を食することは、〝以熱治熱〟を実践してきた古人の知恵ともいえる。また現代医学でも犬は消化に良く、アミノ酸が豊富で体力補強にもってこいの食べ物とされ、医師が手術後の患者などに勧めることも多い。そしてもう一つ。男性にとっては、精力増強剤としての役割を果たす、とまことしやかにささやかれている。そのせいか、伏の日のスタミナ料理として「補身湯」を支持しているのは、四十代以上のおじさまが圧倒的に多い。

いくら犬肉が昔から愛されていたとはいえ、実は現在は犬肉を好まない、むしろ嫌う人も多い。特にペットとして犬を飼っている家庭では犬肉を食べるなど、もってのほかだ。ではアンチ犬肉料理派の伏の日のメニューとは。先ほど犬肉がスタミナ料理のエースだと言ったが、実は現在の主役は日本でも韓国料理好きにはおなじみの「蔘鶏湯（サムゲタン）」だ。こちらも犬肉同様、体を温め、疲労回復に効くといわれ、昔から伏の日に食べた代表的な料理だ。そのほか、赤い色が悪鬼を追い払うと言われ、アズキ粥を食べることも多い。数年前の「伏の日に食べたいスタミナ料理」の調査では、回答者の約八割が「蔘鶏湯」と答えていて、「補身湯」は主役どころか、かなりの少数派に転落してしまっている。伏の日に犬肉をほお張るのは、オヤジ軍団だけになって久しいようだ。

だがアンチ犬肉料理派も、〝外圧〟による犬肉撲滅運動には真っ向から対立する姿勢を見せている。最初に犬肉の危機が訪れたのは、一九八八年のソウルオリンピックの際。西欧諸国、特にフランスから「犬を食べる野蛮な国」と猛攻撃を受けた。そして二度目の危機は二〇〇二年の日韓ワールドカップだ。実は、八八年には外圧に屈した形で政府が犬肉の取り締まりに乗り出したのだが、二〇〇二年には、国民の世論がそうはさせなかった。自国の文化を外国にとやかく言われることはないと突っぱね、政府も諸外国からの一連の抗議を黙殺し、犬肉料理は無事温存されることとなった。ところで、犬肉料理に使われるのは決してペットではなく、食用として飼育されたものであることを断っておこう。

酒飲み大国、韓国
爆弾酒に一気飲み、はしご酒は基本

韓国人は大酒飲みというイメージがある。どのドラマでも毎話必ず登場するといっても過言ではない飲酒のシーン。それだけでも韓国人と酒は、切っても切れない関係であることを物語っているようだ。

韓国人も自国が酒飲み大国であることを自覚している。二〇〇三年に、WHO（世界保健機関）の調査により、韓国の一人当たりの飲酒量は世界一位であると発表されると、当の国民もやっぱりか、と妙に納得した雰囲気に包まれた。しかしこれは後に、WHOの誤った計算方法による結果であり、誤報であったことが明らかになった。実際の上位はヨーロッパ勢が占めている。それでも、体感的には一位と言われてもおかしくないほどだ。

韓国で最も消費量が多いアルコールはやはり焼酎。ドラマでもよく登場する緑の小瓶に入った酒だが、韓国人にとって酒イコール焼酎でもある。ここ数年はワインの消費もかなり増えているが、飲み会での中心は焼酎だ。ワインと焼酎ではその歴史が違う。韓国では一九六五年に食用の穀類などを原料にした蒸留酒の製造が法律で禁止され、大量生産できる希釈式の酒だけが生産を許されるようになった。食糧確保が困難な時代だったからだ。そこで登場したのが、真露などに代表される現在の化学焼酎。この焼酎は廉価なこともあり、以降、庶民と喜怒哀楽を共にするパートナーとなっていったのだ。

それにしても韓国では、大学生、社会人共にとにかく飲み会が多いが、韓国ならではの酒の席での流儀も当然ある。まず、日本との一番の違いは、注ぎ足しをしてはいけないということだろう。韓国で注ぎ足しをするのは、死者に対してだけである。祭祀《チェサ》のときに行われるので、普段の酒の席ではタブーで、相手のグラスが空になってから注ぐのが鉄則だ。そのためか、注がれると一気飲みをする人が多い。

もう一つ、特に嫌がられるのが手酌。手酌をすると三日以内に死ぬとか、一説によると、自分ではなく向かいの席に座っている人が死ぬとも。全く根拠はないが、とにかく韓国で手酌をしようとすると、周りの人が一斉に止めに入る。目上の人が酌をしてくれる場合は、両手で受けることも忘れてはいけない。酒の席でも儒教精神は生きている。

そして何よりも独特なのが、自分のグラスを飲み干した後、それを相手に渡してそこにまた酒を注いで飲ませるというもの。初めはぎょっとしたものだが、心を許した相手や仲間うちだけで行われるもので、お近づきの印や連帯感を表すものだ。このときの中身はあの恐怖の爆弾酒であることが多い。爆弾酒自体は外国にもあるが、恐ろしいのはその種類の多さだ。爆弾酒の種類だけでもコラムが書けそうなほどだ。爆弾酒は酒の席では余興のようになっていて、年々グレードアップしている。グラスを出席者全員に回しながら、一人一人に飲ませるこの儀式のような飲み方は、公平かつ、酔いが早くて効率的なのだとか。韓国での人間関係形成における主な媒介は、酒のような気がしてならない。一度飲み始めると、とことん酔うまで解放されないのが韓国式だ。はしご酒は基本で、男性の場合は三次会、四次会までというのもざらだ。それに合わせて、店もかなり遅くまで開いている。そこまで徹底して一緒に飲んで腹の内を見せ合ったら、嫌でもお互いに情がわいてしまうのではないだろうか。韓国人はもともと酒好きで、情が深い民族だといわれている。酒と情、まるで演歌の世界だが、この両者にはきっと深い因果関係があるはずだ。

韓国では外で独りで酒を飲むことはあまりない。少なくとも私は、ドラマでよく登場する、ポジャンマチャ★で女性が独り寂しく焼酎を傾ける姿は目にしたことがない。ドラマで屋台がよく登場するのは、戦後から庶民を支えてきた屋台と焼酎は韓国人の郷愁を誘うアイテムであり、一番絵になる風景だからなのだろう。

★ポジャンマチャ　ほろ馬車の意で、韓国式屋台のこと。1950年ごろから出来始めたといわれていて、経済成長に合わせて70年代に全国的に広がる。安い値段で気楽に飲めるのが魅力で、庶民から愛され続けた。80年代に入ってオリンピックなど国際スポーツ大会が開催されると、政府の取り締まりが厳しくなり一時姿を消すが、90年代後半のIMF（アジア通貨危機）の影響で再び増え始める。

親しくなるための必須アイテム 酒・酒・酒、脅威の爆弾酒

別項で、爆弾酒について触れたことがある。韓国の爆弾酒は驚くほど種類が多く、それだけでもコラムになりそうだと公言したので、それを実行しようと思う。

韓国の百科事典によると、爆弾酒は帝政ロシアの時代に極寒のシベリアで、寒さをしのぐためにウオツカとビールを混ぜて飲んだのが始まりだそうだ。それが六〇年代から七〇年代にかけて、アメリカ留学を終えて帰国した軍人や、進駐米軍によって韓国にもたらされたという説がある。軍事政権下にあった八〇年代の韓国で、軍人や政府高官、政治家、

企業の上層部、マスコミ関係者など、エリートを中心に広まったのだ。韓国での一般的な爆弾酒はビールにウイスキーを混ぜるので、そのころはまだ特権階級限定のものだった。

それが次第に一般社会にも広がり、韓国独自の文化（と言えるのかは、ひとまず置いておく）として発展している。ビールにウイスキー、聞いただけでもきつそうなこの酒は、酔いが回るのも早く、「パルリ、パルリ（早く早く）」を日常生活における信条とする韓国人の気質にピタリ！と合ってしまったようだ。また韓国の爆弾酒は世相を映す鏡でもあり、時代の流れとともに増え、現在、その数はざっと数えただけでも百種類にも及ぶ。

その中から厳選していくつか紹介しようと思う。ビールにウイスキーを混ぜた一般的な爆弾酒を「正統爆弾酒」と呼んでいるのだが、作り方は至って簡単だ。ビールグラスにビールを注ぎ、その中にウイスキーを入れたショットグラスをグラスごと入れる。通常はそれを一気飲みするのが流儀だとか。ここからいろいろバリエーションが広がり、ウイスキーを国産の焼酎に代えたものを「焼酎爆弾酒」、ビールの代わりにワインを基にし、その中にウイスキーを沈めたものを「ドラキュラ酒」と呼ぶ。焼酎爆弾酒は九〇年代後半、輸入ウイスキーではなく国産焼酎を利用して国際収支の赤字を解消しようと、政府主導で考案された爆弾酒だとか。それだけでも韓国人がどれだけ爆弾酒を飲んでいたのか、想像に難くない。ドラキュラ酒はワインの普及とともに生まれたものだろうが、その色と飲んだ後に口元に牙のような赤い跡がつくことから、そう名付けられたそうだ。

さらにパフォーマンスを楽しむために開発されたものも多い。その代表が「竜巻酒」だ。正統爆弾酒をティッシュで蓋をし、それを手のひらで押さえて空中で大きく一、二回振る。すると中で竜巻のような渦が発生するので竜巻酒だ。濡れたティッシュを壁に投げつけるとそのまま張り付くので、後で何杯飲んだかがわかって良い。対決の場でも有用だ。軍人から生まれた文化だけに、「忠誠酒」という過激なものもある。ビールを注いだグラスの上に、はしを二本置き、その上にウイスキー入りのショットグラスを置く。そして軍人同士のあいさつでもある「忠誠！」という言葉を叫びながら、おでこをテーブルにぶつける。

するとその衝撃でショットグラスがビールの中に落ち、爆弾酒の出来上がりだ。軍人は酒を飲むのも命がけだ。これは軍人に限らず新入社員の歓迎式などでもよく用いられる。そして若者に人気なのが「タイタニック酒」。ビールの入ったグラスに空のショットグラスを浮かべる。その後、ショットグラスに少しずつウイスキーを足していく。するとその重みで沈んでいき、最後には完全にビールの海に沈没する。その様子をタイタニック号に見立てているのだ。紙面の都合で紹介しきれないが、二〇〇二年に日韓ワールドカップが盛り上がると「ワールドカップ酒」、不謹慎だがアメリカで9・11テロが起きると「テロ酒」が生まれ、ほかにも「バイアグラ酒」など、そのアイデアには感心してしまう。

爆弾酒が始まるのは二次会以降が多いようだが、飲み会は二次会、三次会までが基本なので、飲み会のたびに爆弾酒があると思ってもいいだろう。特に新入生、新入社員など、新入りには避けて通れない通過儀礼なのだ。爆弾酒は花札同様、韓国社会に溶け込むための必須アイテムでもあるのだ。

そっくりだけどやっぱり違う食事にまつわるさまざま

「ごはん食べた?」。この一見なんでもないような言葉が、実は韓国で人付き合いをする上で、意外とキーワードになったりする。韓国では、朝、昼、晩を問わずあいさつ代わりに使われているのだ。近代でも食べるのに苦労した時代が続いた韓国では、それだけ食事に対する思い入れが強いというのもあるが、伝統的に食文化を大切にしてきたというのもその理由の一つであろう。

韓国にも当然、独自の食事作法があり、それは儒教の文化と密接にかかわっている。ドラマなどに出てくる食事風景を見ていると、日本の食事作法と大きく違う点のあることがわかる。まず最も目に付くのが、家族全員がご飯茶碗や汁椀をお膳《ぜん》に置いたまま、さじで食べる姿。日本ではすぐに「お行儀が悪い！」と一喝されそうな風景だが、韓国ではこれが普通なのだ。というより、日本のように茶碗を持って食べるとむしろ親から叱られる。

また韓国では日本と違い、ご飯と汁物はさじで食べるのが基本。だから先ほどのような食事風景になるのだ。もちろんはしも並べられるが、基本的にははしは、ご飯と汁物以外のおかずをつまむのに使われる。もっとも最近ではあまりこだわらず、ご飯をはしで食べる人も多い。もう少し注意深く見ると、必ずご飯が左、汁物が右の順で置かれている。さじとはしの置き方も違う。日本では食事をとる人と平行に、横に並べるのが普通だが、韓国では垂直、つまり縦に置かれる。特にご飯と汁の配置には厳しく、左右反対に置くと必ず注意される。逆は先祖供養の法事（祭祀《チェサ》）などで死人に供えるときの配置だからだ。

今ではテーブルにいすというスタイルが韓国でも普及しているが、昔は脚の短いお膳に食事を用意し、床に座って食べるというのが基本スタイルだった。お膳の料理はすべて台所で用意し、それを男性の待つ部屋へ、女性（嫁や娘）だけで運んでいく。昔はお膳を運ぶ時に男性が手伝ってもいけなかったのだ。今でもドラマでは、重たそうに運ぶ新妻に夫が手を貸すと、姑《しゅうとめ》が「いい世の中になったもんだ」などと、嫌味を言う場面も出てくる。お膳の支度が済み、全員がそろったところで食事が始まるが、食事のスタートを切るのはやはりその席の長老。最年長の者がはしを取った後、それに続いて食事を始めるのだ。

床に座って食事をする時の姿勢は、目上の人の前では男女とも正座が基本。足を崩すよう言われたり、楽な姿勢をとる場合は、男性はあぐら、女性は、日本人からはあまりよく思われていない、あぐらの姿勢から片ひざを立てる立てひざ姿。この立てひざは、女性は呼ばれたら即座に立てるよう、常に準備態勢を取らされていたからという説がある。どこか忍者を連想させる説だが、女性が家事の要となり酷使されていた韓国では、あながち間違っていないだろうというのが一般的な見方だ。その一方で、この姿勢は韓国の民族衣装であるチマ・チョゴリの形と関係があるという説もある。

韓国のチマ・チョゴリは体にぴたりとした日本の着物と違い、チマ（スカート）の細かなギャザーが胸のすぐ下から足元まで広がり、体がすっぽり隠れるようになっている。座った時にその姿勢でいるのが、チマのラインが一番美しく見え、また本人も楽だからという説である。だがこれに慣れていない日本の男性は、美しい女性がズボンをはいて片方のひざを立てて食事をする姿にがく然とするらしい。

このように食事作法はいろいろあるが、韓国人が何よりも望むのは、大勢でおいしく食事をするということ。一緒に食事をするというのは仲間意識の表れでもある。冒頭の「ごはん食べた？」も、あいさつ代わりとはいえ、誰にでも聞くわけではない。ただのあいさつというより、年上の人への配慮、親しい人やこれから親しくなりたい人、気に掛かる人への好意の表れであり、情を測るバロメーターともなり得る。つまり、ごはん食べた？⇒まだなら一緒に食べよう⇒一緒に食べて仲良くなろう、という図式も成立するのだと思う。

気さくさとじょう舌トークが魅力

キム・スンウ、パク・ヨンハ、コン・ユ

インタビューをしていると、たいてい時間がたつのがあっという間に感じられるが、その中でも特に早く感じた人たちがいた。キム・スンウ、パク・ヨンハ、コン・ユの三人だ。キム・スンウは私にとっては特別な相手でもある。ライターを始めて間もないころ、初めて単独でインタビューを行った韓国人俳優だったからだ。それまで、先輩記者のインタビュー現場について行ってその様子を見たことは何度かあったが、自分が相手と一対一でインタビューをすることになったときは、相当の緊張感があった。

その日は、ソウルで行われた日本ファン向けのイベントの後に約十五分間のインタビュー時間を割いてくれることになっていた。日本ファンとのイベントを気持ちよく終えた直後だったからタイミングも良かったのだろう。インタビュールームに入ってきたキム・スンウは晴れやかな顔で、ずっと笑顔で語ってくれた。もともと話し上手なことで知られていて、インタビューの十五分もあっという間に過ぎてしまった。キム・スンウ本人は終始にこやかだったが、十五分が過ぎると、後ろでいかつい顔のマネジャーがにらみを利かせていた。初心者の私が時間とマネジャーの顔をうかがっていると、キム・スンウがそれを察知して「あ、この人、顔怖いけど気にしなくていいから」と言ってくれて、多少時間オーバー気味だったが、無事インタビューデビューを飾ることができた。初舞台の相手役が彼のような、大人のゆとりのある俳優で良かったとつくづく思った。このときに、インタビューも楽勝じゃん！と思ったが、そんなに甘くはないことをその後

知った。キム・スンウとの出会いは、ビギナーズラックのようなものだったのだ。

最近ドラマ「オンエアー」で役者に復帰し、乗っているパク・ヨンハとのインタビューも、あっという間に時間が過ぎ、比較的リラックスしながら進行したことを覚えている。顔が小さくてたれ目がちな笑顔が印象的だが、スターの気負いがなく、自然体のところが魅力だ。読者プレゼント用にサインをお願いしたところ、本人は快諾してくれたが、事務所の方針でNGとなると、「僕には力がないんだな」と言ってちょっとスネていたのがかわいかった。

そしてもう一人。コン・ユもこのカテゴリーに入る俳優だ。「もっと知りたい！韓国TVドラマ」の表紙に登場したときにインタビューをさせてもらったが、当日、私はひどい風邪を引いてしまい、コンディションは最悪だったが、気さくな彼のおかげでなんとか一時間超のインタビューを乗り切ることができた。コン・ユ入隊前の最後のインタビューを万全の体調で臨めなかったのが少し残念だ…。

目的別に満喫 ソウルの街歩き

スポット編

新村・弘大駅は地下鉄２号線の隣同士の駅だが、留学生活をここからスタートさせた私にとっては第二のふるさとのような地でもある。この地域は延世大学、弘益大学、西江大学、お隣の駅には梨花女子大など、大学が密集している学生街だ。新村は飲み屋街としても有名で、昼は学生、夜は酔っ払いがあふれかえっている。不夜城・ソウルを体験したい方にぜひお勧めだ。明洞は日本人観光客にもポピュラーなスポットだが、デパートや各種路面店、屋台などがひしめき合う繁華街で、ソウルの流行を一目で確認できる。ただ目抜き通りは意外と狭いので、週末などはあまりの人口密度の高さに人酔いしてしまうことも。ちょっと大人の雰囲気を味わいたいときは、江北地域ではゴールド・ミスの街・三清洞、江南地域では新沙洞の街路樹通り（カロスキル）がお勧めだ。銀杏の並木道になっている街路樹通りには、オープンカフェやおしゃれなレストラン、洋服や雑貨のショップが多いので、昼下がりの散歩にちょうどいい。一山は私が現在住んでいる街。ソウル市内から約30分の郊外だが、緑も多く、とても住みやすい。放送局の制作センターがあるので、ロケ中の俳優に出くわすことも多い。

おすすめスポット
Ranking

1位　新村《シンチョン》・弘大《ホンデ》

2位　明洞《ミョンドン》

3位　三清洞《サムチョンドン》

4位　新沙洞《シンサドン》

5位　一山《イルサン》

第5章

学歴大国韓国の教育事情

日本以上に学歴社会
〝お受験〟で親族一同が泣き笑い

日本では桜の開花に合わせるかのように、四月に一斉に入学式が行われる。だが韓国では、そのころはすでに新生活にも慣れ、特に大学の新入生は春を謳歌《おうか》している時期だ。韓国の入学式は日本より一カ月早い三月初旬に行われるからだ。春とはいえ、最低気温が氷点下になることも少なくないソウルでは、かなりの寒空の下での式となる。真冬の寒さが厳しい韓国では、氷点下二、三度であろうと「コッセムチュイ（花冷え）」と言い切ってしまう。先の見えないトンネルのような長い長い受験戦争を勝ち抜いて大学に合格した新

入生は、喜びで寒さも感じないはずだ。

韓国社会がかなりの学歴社会であることは知られているが、当然、親の教育熱もかなり熱く、社会問題になっている。今韓国で最も忙しいのは大学受験を控えた高校生だといわれている。だがそのスタートは年々早まり、最近は小学生も休む暇がないといわれるほどだ。特にお金持ちが集まる江南《カンナム》地域では、小学校に上がる前からさまざまな習い事をさせて、大学入試に備えている。英会話、ピアノは基本。学校に上がると国語、算数の塾にバレエ、水泳、サッカー、絵画、声楽、乗馬など挙げれば切りがない。勉強だけでなくあらゆる分野での「スーパー人間」育成に躍起になっているのだ。それだけ習い事が多いと、放課後は友達と遊びに、というわけにはいかず、母親がお抱え運転手になって塾とお教室をはしごする毎日が続く。子供が勉強しているころ、母親は塾の前でほかのお母さんたちとの情報交換に余念がない。同じ年ごろの子供を持つ母親にとっては大切な情報源になるため、新入りでもすぐに輪に加われるようだ。「公園デビュー」ならぬ「お教室デビュー」

だ。しかしこれだけハードだと、子供の情緒面にも影響が出てきているようだ。以前、韓国のＴＶニュースで、小学校低学年の子供がランドセルの代わりに小さなキャリーバッグを引いて歩く姿が映し出され、憂うつそうな表情をしていたのを覚えている。学校用以外の持ち物が多過ぎて、ランドセルでは入りきらないからだと説明していた。

だが、受験戦争が小学生からそこまで加熱しているのは江南に集中しているようで、川を挟んだ江北《カンブク》地域では親もそれほどピリピリしてはいない。そのため、教育レベルの高い江南の小学校や中学に子供を入れるためだけに、江北から江南に引っ越す家庭も多いという。だがこれで驚いてはいけない。教育熱心な韓国の親は、川ばかりでなく海までもひょいと飛び越えて、小中学生のうちから母親付きの海外留学を敢行してしまうのだから。

国内で大学受験を控えた高校三年生は、日本の大学入試センター試験に当たる「大学修学能力試験」、略して「修能《スヌン》」に向け最後の力を振り絞る。塾はもちろん、夜の十時過ぎまで学校に残り、先生の監督下で各自勉強するなど、とにかく寝る暇を惜しんでの猛勉強だ。また韓国には塾や学校とは別に読書室というのも存在する。街の至る所に存在する閲覧室のみの図書館だと思えばいい。お金を払うと自分専用の机が当てがわれ、自由に勉強できるシステムだ。ちなみに部屋が男女別になっている所が多いというのがなんとも韓国らしい。それでも、男女別学が多い韓国では、この読書室が青少年のロマンスが生まれる場所でもあるようだ。韓国の大学入試の日は、親も子供も社会も、とにかくその日に人生のすべてがかかっているという雰囲気があり、国を挙げての一大イベントとなる。遅刻しそうな学生を警官が白バイで送り届けるというのが、毎年恒例の光景だ。

こうした数年にわたっての、血のにじむような努力の果てに勝ち取った大学合格というのは、本人にとってはもちろん、家族にとっても人生のうちで最も晴れがましい日となる。だからか、韓国の入学式、卒業式は両親をはじめ、おばあちゃんからいとこ、小さなおいやめいまで一家総出のことが多い。みんなに花束を贈られ、最後は決まってドラマでよく見られるように、一家全員が笑顔で記念撮影をして幕が閉じられる。

海を越える若者たち
韓国ドラマの常連モチーフ

「パリの恋人」のギジュ、「天国の階段」のソンジュ、「パリでの出来事」のジェミン、「イヴのすべて」のヒョンチョル。みんなドラマの男性主人公だが、彼らの共通点は？　もちろん財閥や大企業の御曹司であることはすぐにわかるはずだが、実は彼らは全員海外留学の経験者なのだ。「パリの恋人」のギジュはドラマでの留学シーンはないが、フランス語や英語を自由に駆使し、パリに赴任していたことから、留学組と見なしてもかまわないであろう。むしろ「パリでの出来事」のジェミンは留学というより遊学（ドラマで本人

も認めている）というべきであるが、ここではひとまず留学組にしておく。彼ら以外にも、韓国ドラマの主人公たちは男女を問わず世界各地を目指し旅立っている。

実際韓国では、財閥を含めた、いわゆるエリート、富裕層の二世たちの海外留学は、もう何年も前から〝当たり前〟の教育課程になっている。特に財閥家では留学経験がないと親戚《しんせき》同士でも会話の輪に入れないとまでいわれている。一般家庭から嫁いできた嫁を仲間はずれにするために、わざわざ英語で会話をするという話も聞こえてくるが、財閥家にとっては海外留学がそれほど一般化していると言える。彼らにとって海外留学はいまやステータスシンボルではなく、当然のコースなのだ。しかし、エリート、富裕層の留学はどこの国でもありがちだが、韓国では一般庶民も留学することが多い。彼らの海外留学は韓国社会の景気停滞による、大卒者の就職難と深くかかわっている。大学生の就職難が本格化した二〇〇二年には、卒業してしまうとさらに就職が不利になるという理由から、就職難が緩和するまで卒業を遅らせるために休学を選ぶ学生が急増した。その中の相当数が就職試験を受ける際、少しでも有利な条件を備えておこうと、海外留学や短期語学留学を選択している。大学生以上の留学生数の推移をみると一九九七年に十二万人だったのが、二〇〇一年には十五万八千人、二〇〇四年には十八万七千人、二〇〇五年は十九万人強と、年々増えている。しかも少子化で全体の学生数が減っている中での留学生の増加だ。

留学先は、アメリカ、カナダ、イギリス、オーストラリアなどの英語圏が六割以上で、続いて中国、日本などのアジアが多い。英語圏が多いのは、英語力は必須とみなす企業にアピールするためだ。また著しい経済発展を遂げている中国への留学もここ数年でグンと増えている。中国に留学中の海外留学生のうち、五人に二人は韓国人という統計が出ていることからも、韓国人が中国に向ける関心の高さがうかがえる。これもやはり中国との取引が増えた企業への就職を狙ってのことではあるが。富裕層の留学と違い、一般の大学生の留学はなんとか希望通りの仕事に就きたいという切実さが伝わってくる。

これまでのドラマでは、華やかなエリートたちの留学にスポットライトが当たる傾向にあったが、ここ数年のドラマでは少しずつではあるが、現実を反映した留学も描かれ始めている。その例が「パリの恋人」のヒロイン、テヨンだ。両親を亡くし、厳しい財政状況の中でも夢をかなえるために単身パリに渡り、アルバイトをしながらつましい留学生活を送る彼女の姿は、多くの女性視聴者の共感を呼んだ。苦学生がお金持ちの男性に出会い、運が開けるというのがなんともドラマ的だが。実際に財閥の御曹司をつかまえるには留学が一番の近道、というよこしまな考えで留学を敢行する女性もいるとかいないとか…。

また人気ドラマ「私の名前はキム・サムスン」のヒロイン、サムスンも高校卒業後、パティシエになるためにフランスで修行し、帰国後は腕のいいパティシエとして認められる。韓国でも女性が社会進出を果たし活躍し始めていることから、海外留学を経験した女性を描くドラマが増え、自立した女性像は視聴者から熱い支持を受けているのだ。ともあれ、ドラマチックな響きを持つこの「海外留学」は、現実の反映という面からもしばらくは韓ドラモチーフの代表選手として活躍しそうだ。

冷めやらぬ留学ブーム
お父さんたちのSOS!!

韓国の教育熱、特に英語への熱の入れようはすさまじい。あえて異常なほどだと言いたい。国際社会で通用するため、いい会社に就職して出世するために英語は必須だと考える韓国の親は、少しでも早い時期から子供に英語を習わせようと、小中学生のときから留学をさせ、それが社会問題になっている。その犠牲になっているのが、ほかでもない父親だ。キロギアッパ（雁パパ）という言葉を耳にしたことがあるだろうか。これは妻と子供を、アメリカを中心とした英語圏の国に留学に行かせ、韓国に一人残ってお金を稼いではせっ

せと送金する父親を指す言葉だ。留学はある程度の年齢に達した子供が一人で行くのが一般的な日本では、母親と子供が留学？と思うかもしれないが、韓国では二〇〇〇年から小中学生の早期留学が増え、その数は年々増えている。前述のように少しでも早く英語を習わせたいというのと、韓国のし烈な受験戦争から解放してあげたいという親心がその主な理由だ。アメリカやカナダの州によっては、小学生の受け入れは親の同伴が条件であったり、幼い子供を一人で行かせるのは不安だという理由から母親が付いていくケースが多いのだ。家族全員での移民も考えられるが、現実的には父親は韓国に残留して送金するのが一般的だ。成長した子供が国際社会の中で成功できれば両親の苦労も報われるだろうが、幼児期を父親なしで育つことが子供の情緒面にいかなる影響を与えるのか、一人残された父親の心の問題はどう解決すべきか、社会全体で考えるべき問題に発展している。

父親はキロギアッパと呼ばれるだけでもわびしく切ないだろうに、数年前からキロギアッパの中でも格付けがされるようになっている。一般的なキロギアッパを〝並〟とすると、

〝上〟に当たるのがトクスリアッパ（鷲パパ）、そして〝下〟がペンギンアッパだそうだ。だがペンギンアッパも失望するには及ばない。ランク圏外のチャムセアッパ（雀パパ）も存在するからだ。妻と子供を留学させ、自分は一年に一、二度、休暇を取って会いに行くのが並のキロギアッパだとすると、財力があって、家族に会いたくなったらいつでも飛行機に乗って自由に空を羽ばたけるのがトクスリアッパ、そして家族に海外送金するのがやっとで、自分の海外渡航の費用の捻出は考えられず、地にはいつくばるしかない父親がペンギンアッパだ。しかし海外留学に行かすことすらできない父親も多い。江北《カンブク》から教育水準の高い江南《カンナム》エリアにワンルームマンションを借り、妻と子供たちだけを引っ越しさせるのが関の山、というのがチャムセアッパだ。「ペンギン、チャムセアッパよりはましだ」と思うことでせめてもの慰めになるのだろうか。

そんな寂しい父親たちは、会社の中でもビクビクしながら仕事をしている。九〇年代後半のＩＭＦ危機以降不景気が続く韓国では、すでに終身雇用制が崩壊し、四十代、五十代

から肩たたきが始まるのだ。そんなサラリーマンの世相を反映した「오륙도（オリュクド）」「사오정（サオジョン）」「삼팔선（サムパルソン）」という造語が数年前から流行しているほどだ。「オリュクド（五六盜）」は元は釜山に属する五六島のことだが、それをもじって「五十六歳でまだ給料をもらっていたら도둑（トドゥク／泥棒）」、「サオジョン（四五停）」は「西遊記」に出てくる沙悟浄の韓国語読みだが、韓国語でサは四、オは五、つまり「四十五歳で정년（ジョンニョン／定年）」、「サムパルソン（三八選）」は朝鮮半島を南北に分けている三十八度線と同じ読みで、「三十八歳で선출（ソンチュル／選出）されて会社から放り出される」という意味を持つ。言葉遊びにして、笑いで吹き飛ばすしかないようだ。二〇〇八年から出帆したイ・ミョンバク大統領の新政府は、こんなお父さんたちの危機的状況を打開すべく、義務教育課程での英語教育を中心とした教育制度改革と、景気の回復を政策の大きな柱としている。新政府により、教育のために引き離される離散家族がこれ以上増えないことが期待されているが、その前に親の意識改革も必要だろう。

韓国ならではのスキャンダル 芸能界を揺るがした〝兵役逃れ事件〟

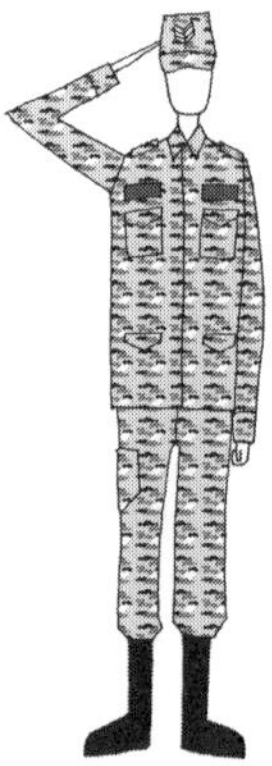

二〇〇四年は韓国でショッキングな事件が発覚した年だった。ソン・スンホンをはじめ、チャン・ヒョク、ハン・ジェソクなどトップスターたちの兵役逃れ事件だ。ファンや国民の怒りを買ったこのニュースは日本でも大々的に報道され、記憶に新しいはずだ。

事の発端は、現役プロ野球選手数名がブローカーに高額の金銭を渡し、不法に「兵役免除」の判定を受けたことが明らかになったことだった。捜査が進むにつれ対象が拡大し、当時、時効が成立していた選手を含め、プロ野球選手だけでも百人以上の名前が挙がり、なんと現役プロ野球選手の五人に一人は「兵役逃れ」にかかわっていたという、空前の兵役逃れスキャンダルに発展した。その火の粉はすぐに芸能界にも降り掛かり、当時、全盛期を迎えていたスターたちの名前が続々と挙がった。その中に冒頭の三人がいたのだ。

そもそも韓国には徴兵制が存在するから「兵役逃れ」の問題が発生するのだが、この徴兵制の背景には、朝鮮戦争が勃発し、いまだ休戦状態の分断国家であるという現実がある。徴兵制は現在、満十九歳から三十歳までの青年男子に義務付けられている（三十五歳までの場合もある）。しかし、特別な理由がない限り満二十歳から二十二歳ぐらいまでに入隊するのが普通だ。軍服務期間は陸軍二十四カ月、海軍二十六カ月、空軍二十七カ月（二〇〇八年から段階的に短縮）と、約二年を軍隊で過ごさなければならない。もちろん青年男子のほとんどが当然の義務として受け止めているが、その裏で「兵役逃れ」という問題が後を絶たないのも事実だ。特に大物政治家の息子、大企業の幹部の息子などの兵役逃れ疑惑が多く、これまで何度も取りざたされてきた。また芸能人にも兵役を免除されている人が多く、国民から常に疑惑の目が向けられていた。心身共に健康な男子というのが入隊の条件となっているため、裏を返せば不健康な人は軍隊に行かなくてもいいことになる。これまで芸能人が受けた兵役免除の判定の中で、最も多いのが身体的問題や病気などを理由にしたものだ。二〇〇四年の一連のスキャンダルも、薬物を利用し尿検査で腎臓疾患の判定が出るように仕組んだものだった。また外国籍であれば免除されるので、在米韓国人の芸能人などはアメリカ籍を取得して兵役を逃れるという方法もよく使われる。

芸能人、スポーツ選手が兵役を回避する傾向にあるのは、やはり二十代の二年間の重みだ。もちろん一般の青年にとっても大事な時期ではあるが、人気、体力を売りにしている彼らにとっては、二年間の空白というのは大変な恐怖に違いない。特に全盛期を迎えているスタークラスであれば、なおさら除隊後の自分を案じざるを得ないのだろう。

ところで、二〇〇六年末から二〇〇七年上半期は芸能人の除隊ラッシュだった。二〇〇四年に兵役逃れで入隊した前述の三人も二〇〇六年に無事除隊し、そのほか元ＧＯＤメンバーのユン・ゲサン、人気俳優のソ・ジソブ、「オールイン 運命の愛」で人気になったチソンなど、みんな元気な姿で戻ってきた。韓国では「軍隊に行って来て初めて本当の男になれる」といわれている。そのせいか、みんな一回り大きくなって戻ってきたような気がする。中でも二〇〇四年のスキャンダルの渦中にあったソン・スンホンの、除隊記者会見のすっきりとした表情が忘れられない。チャン・ヒョクは除隊後ドラマに出演し、役者として再評価を得てカムバックに成功し、ハン・ジェソクもドラマで健在をアピールした。チソンも復帰作「ニューハート」が大ヒットし、乗っている。兵役制度の是非はともかくとして、軍隊という特殊な空間が一人の人間に与える影響は、計り知れないものがあるのは確かなようだ。正々堂々と国民としての義務を果たした彼らを温かく迎える社会風潮もあり、最近は自ら公益勤務ではなく現役での入隊を志願する芸能人も増えている。

だがそれでも、芸能界と兵役逃れの問題は現在進行形だ。義務と未来のはざまで苦悩する若者の姿は当分絶えそうにない。

芸能界に飛び火した学歴詐称問題
根強い学歴偏重主義を見直す時期!?

二〇〇七年八月、日本列島が連日の記録的な猛暑に悩まされていたころ、お隣韓国では、芸能人たちが恐怖に体を震わせていた。〝学歴詐称〟発覚という恐怖にだ。

それは美術界で成功したある一人の女性の華々しい学歴、経歴が、嘘で塗り固められたものであったことが発覚した事件が引き金となった。この事件の主人公は、二〇〇五年、アメリカのエール大学で美術史の博士号を取得すると、その年すぐにソウルの東国大学（芸能人も多い大学）の助教授に就任した。三十三歳の若さでだ。そして二〇〇七年、翌

年開催予定の光州ビエンナーレ（国際美術展覧会）の総監督に最年少で任命され話題となった。また、有名美術館のキュレーターとして、数々の美術展を成功させた経歴もある。美術界のジャンヌダルクを自負し、順風満帆に見えた彼女の人生だが、実はエール大学の博士号にはじまり、本人が主張するカンザス大学での学士、修士号、すべてが嘘だったことが発覚したのだ。マスコミはこのニュースを連日のように報道し、テレビや新聞紙面をにぎわせたが、本人は学位はあくまでも本物だと主張し、逃げるように渡米してしまった。

その直後、珍現象が起きた。ラジオで人気の英語講師、韓国漫画界の第一人者、有名舞台俳優など、各界の有名人が次々と学歴詐称を告白するようになっていったのだ。その過程で自らの告白ではなく、マスコミによって暴かれるケースも目立つようになった。そして次に矢面に立たされたのは、芸能人だった。一人の女性の学歴詐称事件に端を発し、その後、瞬く間に芸能界に飛び火していったのだ。三年前に、最大の話題となった〝芸能人兵役逃れ事件〟のように。

中でも衝撃だったのは、人気俳優のチェ・スジョン（「初恋」「海神」主演）、ダニエル・ヘニー（「私の名前はキム・サムスン」「春のワルツ」）らもそのうちの一人だったことだ。チェ・スジョンはこれまで韓国外国語大学中退となっていたが、実は合格しただけで、実際には通っていなかったことがわかった。またダニエル・ヘニーもこれまで通っていたとされる大学に通っていなかったことが判明した。特にダニエル・ヘニーはアメリカ出身の俳優であるだけに、韓国芸能人と学歴の問題点をあらためて考えさせる事例だ。

学歴詐称問題が大きくなると、芸能人自らが、ポータルサイトのプロフィル欄に誤って記載された学歴に訂正を求める動きも増えた。カン・ジファンらがその例だ。マスコミの取材が過熱するなか、高卒としてきた中堅人気歌手が実は中卒だったことを告白してファンの同情を買ったこともあり、マスコミの行き過ぎた暴露合戦に批判の声も上がった。

この問題をめぐっては、芸能人個人の道徳性に問題がある、あるいは業界全体が一般的な道徳に対して不感症になっているという声も聞こえてくるが、やはり問題の背景には韓国の学歴偏重主義が横たわっていて、そのひずみが一気に噴出したのだと言える。歌や踊り、芝居の才能が物を言う芸能界で、高学歴が必要なのかと疑問に思うが、やはり大卒だと明らかにファンや業界関係者の見る目が違う。芸能界でさえそうなのだから、一般社会での学歴偏重がいかに深刻であるか、想像に難くない。芸能人の学歴詐称問題に関しては、この学歴偏重主義の犠牲者でもあるという同情的な見方と、人を欺くような行為は許されないという厳しい見方もある。その中で、学歴という外装によってしか個人を判断する能力を持たない、韓国の社会システム全体を見直す時期に来たという意見も聞かれる。いずれにしても、社会的痛みを経験することにより、これまでの社会システムを点検する議論の場が設けられたようだ。外装の華やかさに惑わされてはいけないということを、最も華やかな世界にいる芸能人たちが身をもって教えてくれているというのもなんだか皮肉だ。

問題の発端となった前出の元助教授だが、その後帰国し逮捕された。また助教授就任の過程で、バックに青瓦台（大統領府）の政策室長の存在があったことも明らかになった。

人は会ってみないとわからないもの

イ・ギウ

インタビュー前、普通は約束の場所に着いて、本人が登場するのを待つ間が一番緊張するものだが、その緊張の度合いは相手によって違うものだ。新人などの場合はこちらもそれほど緊張せず、リラックスした気分でインタビューに臨めることも多いが、緊張しないということは逆に、相手に対してそれほど期待もしていないということでもある。こう言っては失礼だが、イ・ギウという俳優に対しても、会う前はそれほど興味もなく、お仕事モードだった。

イ・ギウといっても顔と名前が一致しない人も多いと思うが、チョ・スンウ、ソン・イェジン主演の映画『ラブストーリー』をご覧になった方はすぐにわかるはずだ。長身で卒倒グセのある、どこか不思議で懐かしい雰囲気を持つ高校生を演じていた俳優だ。私もインタビューの依頼があったときは、「あ、あのよく倒れてた背の高い子ね」という程度の知識で、特にときめくこともなかった。

その日は単独のインタビューではあったが、私の前後にいくつかの媒体とのインタビューの予定もあったので、前のインタビューが終わるのをホテルの廊下で待っていた。前のインタビューを終え、休憩のために出てきた彼と廊下で出くわしたときは圧倒された。これまで背の高い俳優に会ったことは何度かあったが、その中でも身長の高さでは恐らく最高記録のはずだ。公式発表一八九センチ、実はそれ以上といううわさも…。この時点で普通は緊張感が込み上げてくるはずなのだが、なぜかこの日は不思議と平常心のままだ。

部屋であらためてあいさつをしてインタビューをスター

トさせたのだが、それでも心拍数は至って正常のようだ。相手が新人でスターではないからというのではなく、『ラブストーリー』の中の役柄のように、どこか懐かしさを覚えたからのようだ。初めて会話するのに、まるでよく知っている、トンセン（弟）と話しているような錯覚に陥っていた。イ・ギウ本人も全く身構えた様子がなく、こちらの冗談にニコニコ笑いながら答えていた。普通は準備していった質問を中心に聞くものだが、そのときはなぜかいろいろな質問が浮かんできた。彼の答えも自然体で楽しく、和やかなインタビューになった。

このときに、やはりインタビューにも相性があるのだということを知った。イ・ギウは海外で高く評価されているホン・サンス監督の『劇場前』という映画に出演しているが、監督もなぜか一目で気に入って出演依頼したという。華やかではないが、人を引きつける魅力を持つようだ。有名な韓流スターではないが、個人的に忘れられないインタビューになった。ちなみに彼も韓流スター豊作の年、一九八一年生まれだ。

生まれる前から英才教育
ベビーたちの受難

いつの間にか、子供を産まない国、世界一になってしまった韓国。一九六〇年には六人だった出産率が、二〇〇五年には一・〇八人と激減してしまった。そんな韓国の若い夫婦の間ではいま、一人の子供に親の知力、体力、財力のすべてを注ぐ〝ウェルボン〟熱風が吹いている。ウェルボン、確か似たような言葉があった気がする。ウェルボンはまさしくウェルビン（well-being）をもじった言葉well-bornであり、赤ん坊がおなかの中にいるときから、子供の教育のために投資を惜しまない現象を指す。

この風潮を反映して、韓国では数年前から胎教が重要視され、新種の胎教法が次々と考案されている。妊娠五、六カ月目から、胎児はすべての音を聞き分け、明暗も区別できるようになる。そのことから、音楽胎教の重要性は一般にもよく知られていて、最もポピュラーな胎教のうちの一つでもある。中でもクラシックは母親の精神安定にも効果があり、モーツァルトがいいという話が広まると韓国中の妊婦が一斉に聴くようになった。そして最近、韓国の親が熱を入れているのは、胎児のときからの英語教育である。英語教育の若年化は年々進んでいるが、ついにはおなかの中にまできた。胎児に英語の童話を読んで聞かせたり、生まれてすぐに母語が英語のベビーシッターを雇ったりと、親の涙ぐましい努力がみられる。また不景気が伝えられるなか、胎教関連のグッズ市場だけは毎年二十パーセントずつ成長しているという。胎教にとって一番大切なのは、母親の精神が安定していることだそうだが、胎教への強迫観念が逆にストレスになりそうな気がするのだが…。

胎教は中国をはじめ、東洋では昔から重視されていた。韓国では朝鮮王朝時代も、出来のいい王子を産むために、胎教に気を配っていたという話も伝えられる。また胎教の流れで、韓国には胎夢という夢がある。妊娠を教えてくれる夢だ。韓国ドラマを見ているとよく登場するのだが、妊娠した本人よりも先に、祖父母や両親が妊娠に気付いていることがある。それもこの胎夢のおかげだ。胎夢は本人だけでなく、親戚《しんせき》が見ることもあり、生まれてくる子供の性別、将来までわかるという。いわば夢占いの妊娠限定版だが、胎夢を読み解く民間信仰の占いは韓国では古くから伝わり、現在でも一般に信じられている。

一般的な夢の一例を挙げると、竜、大蛇、牛、豚、馬、虎など、比較的大きくて勇猛な動物は男の子が産まれる兆候、小さな蛇、うなぎ、ドジョウ、蝶《ちょう》、ハト、雀《すずめ》のような小鳥はだいたい女の子の兆しだそうだ。また植物では、キュウリやナス、トウガラシなど比較的長いものは男の子、赤いザクロ、桃、イチゴ、りんごなどは女の子を象徴している。同じ動物や植物でもどういう状況で夢に出てきたのかによって解釈が変わってくる。動物、植物以外でも金属や布、太陽や雲の状況など、ここでは挙げ切れないほど、実に多種多様

な夢とその解釈の仕方がある。そして何よりも大事なのは、やはり夢見がいいかどうかということだそうだ。胎夢は目覚めたときにはっきりと覚えているのが特徴で、はっきりとしていながらも不思議な感じがするのがいい夢で、逆に少しでも不吉な感触があると、流産などよくないことの兆しだとか。妊婦はいい夢を見られるように、常に心が安定していることが重要視されたのだ。余談だが、韓国では胎夢以外で豚の夢を見ると、金運を運んでくれるといわれ、豚の夢を見た翌日は急いで宝くじを買いに行ったりもする。韓国語でお金の돈（トン）と、豚という漢字の読みの돈（トン）が同音だからという説も。

また、これも胎教の一環と言えるが、胎名といって最近は胎児に名前を付けることが多い。胎談といわれる胎児と両親との会話も大切な胎教だといわれていて、特に妊娠後期に赤ん坊によく話し掛けると効果的だそうだ。胎児のときから名前を付けて一人の人格として扱うことが大事なのだとか。それにしても、胎児のときから英語を習得していたスーパーベビーも、あまりの学歴社会に、またおなかの中に戻りたくなるのではないか心配だ。

ドラマの中のお父さんは過去の栄光!?
居場所のない中年男性たち

現代の韓国で、地に堕ちて久しいといわれているものがある。その昔は栄華を極めた〝父親の権威〟だ。肩身の狭い思いをしているお父さんの現状は危機的で、社会的な取り組みが必要とも。これまでに何度か、勢いを増す女性たちのパワーについて取り上げてきたが、やはり新勢力台頭の裏には、没落勢力の存在も致し方ないものなのだろうか。韓国では今、家庭内の権力二分化を目指し、新たなる〝お父さん像〟の模索が始まっている。

現在、韓国で一番元気がないのは四十代、五十代のお父さんたちだといわれている。働

き盛りで人生の安定期にいるはずの彼らが、家庭でも社会でも孤立し、わびしく生きているというのだ。最近ではそんな彼らを「낀세대（キンセデ）」と呼んでいる。끼다（キダ）は「挟まる」、세대は「世代」という意味なので、「挟まった世代、サンドイッチ世代」と解釈できる。つまり、まだ威厳のあった自分の父親の世代（旧世代）と、父親の威厳をものともしない子供たちの世代（新世代）に挟まれて、行き場を失った切ない世代だ。

六〇年代、七〇年代に少年期を過ごしたこのサンドイッチ世代は、儒教思想の下、伝統的家父長制によって絶対的権限を持つ強い父親たちに育てられてきた。厳格だが、家族のために黙々と働く、そんな父親の後姿に責任感と威厳を感じて育っただけに、サンドイッチ世代にとってはそれが父親としてのあるべき姿なのだ。ところが、最近の子供たち、また妻たちにとっては、そんな厳しいお父さんは、疎ましいだけの存在になってしまった。そして家庭内の勢力図も父親から母親の影響圏へと塗り替えられている。

さまざまな要因が考えられるが、韓国の教育制度、加熱している教育熱もその大きな一因だと考えられている。今の韓国で子供をエリートに育てるにはとにかくお金がかかる。たとえ出資者は父親でも、家庭内で経済の主導権を握っているのは母親である。また子供の教育に関しては、母親の情報収集力も無視できない。となると家庭内での母と子の関係は密になるが、外で働いて帰りの遅いお父さんは、母と子の会話はチンプンカンプン。次第に発言権を失い、酔っ払って帰ってきてトンチンカンなことを言うと、妻も子供も完全に無視状態。そこへ頭の中に残像としてある、威厳があった自分の父親を真似て一喝しようものなら、妻子からはさげすみの目で見られる。と、こんな家庭が増えているという。

四十代、五十代のお父さんたちが元気がないのは、経済的不安を抱えてもいるからだ。養育費に加え出費は何かとかさむ一方だが、不景気の影響で会社では四十代、五十代から肩叩きが始まる。そんなサンドイッチ世代のお父さんたちは、会社でも上司の顔色を伺い、上司を上司とも思わない新入社員との間に挟まれ、やはりサンドイッチ状態に置かれているのだ。そんな彼らに、家庭内で堂々としていろというのも難しいのかもしれない。

だが彼らにも輝かしい時代があった。九〇年代に「三八六世代（サム・パル・ユク・セデ）」という言葉がよく使われたが、六〇年代生まれ、八〇年代に大学に通った三十代（九〇年代当時）を指す言葉だ。韓国では、軍事政権下の八〇年代に学生運動が活発化し、ついに民主化を勝ち取った。三八六世代は民主化運動の担い手を指す言葉でもあるが、まさしくそれは現代の四十代のお父さんたちの年代ではないか。現在、自由な生活を享受できるのも、彼らの情熱があったからだ。彼らには新しい韓国を作り上げたという自負心がある。その彼らが社会でも家庭でも置いてきぼりにされていると感じては、落胆も大きいはずだ。お父さんたちの悲哀を反映するかのように、二〇〇七年には『優雅な世界』、『まぶしい日に』など、父親の愛情をテーマにした作品が次々と公開された。どれも頼りなくて不器用だが、家族思いの父親が描かれていて、今後の父親のあり方を模索しているかのようだ。そして、ついにはお父さんのための応援歌を歌うバンドまで結成された。その名も〝ファイティング・ダディ（頑張れお父さん）〟！

前途有望の女優の早過ぎた死を悼む

イ・ウンジュ、チョン・ダビン

二〇〇五年二月、ショッキングなニュースが飛び込んできた。韓国映画界で将来を嘱望されていた人気女優、イ・ウンジュ自殺のニュースだ。その前年はドラマや映画での活躍が目覚ましく、人気絶頂にあっただけに、韓国ではニュースを耳にしても、にわかには信じられないという雰囲気に包まれた。

私もそのうちの一人だったが、今となっては遺作となってしまった映画『スカーレットレター』のマスコミ試写会のときの彼女の様子を思い出すと、そのころからすでに思い詰めていたのかもしれないとも思えた。

二〇〇四年の秋に行われた『スカーレットレター』の試写会に出席したのだが、上映後の会見で、彼女は劇中、自分が死ぬシーンの撮影のときに「本当に死にたくなった」という、ドキッとするような発言をしていたのだ。また、「悩みがあっても人に言えず、すべてを独りで抱え込んでしまうところが、劇中のヒロインと似ている」とも発言していて、そのときの彼女の寂しそうな表情が今でも忘れられない。その寂しそうな表情が美しくもあり、なぜか聞いているこちらも切なくなったことを覚えている。一般の女優とは違った、ほのかな輝きと透明感のある女優だという印象を受けたのだが、それが最後の輝きだったのだと思うと残念でならない。

それから二年後の二〇〇七年二月、またしても残念な出来事が起きてしまった。今度は明るく元気なイメージで人気だった女優、チョン・ダビンが自ら命を絶ってしまったのだ。実はチョン・ダビンには、ドラマ「屋根部屋のネコ」関連で直接インタビューをしたことがあって、そのときにとてもいい印象を受けていたので、個人的にもショックが大きかった。俳優の中には、実際に会うとテレビや映画のイメージと違っていてがっかり、ということもなきにしもあらずなのだが、彼女の場合は本当にドラマのイメージ通りで、明るくかわいくて、しっかり話もできる好感の持てる女の子だった。だから、なぜ彼女が、という思いでいっぱいだ。

以前何かの記事で、普段スポットライトを浴びて注目されている芸能人は、舞台裏に戻り、独りになったときに感じる孤独感は、普通の人の想像をはるかに超えるものだという内容の文章を読んだことがある。二人とも直接の原因はうつ病だと言われているが、明るく笑う笑顔の裏でどれだけの孤独感、焦燥感を感じていたのだろうか。華やかに見える芸能界だが、日々、そんな孤独に耐えながら、一生懸命人々に何かを伝えようとしているのだと思うと、映画やドラマの見方も少し変わるのではないだろうか。

韓国を語る上で欠かせない「ウリ」精神

韓国でも日本でも異邦人
在日韓国人格闘家の境遇に共感

チュ・ソンフン（秋成勲）。日本の方には聞き慣れない名前かもしれないが、二〇〇八年に入って、韓国で最も注目されている在日韓国人といえば、彼ではないだろうか。彼には秋山成勲（あきやま・よしひろ）という日本名もあり、こちらの名前には聞き覚えがある人もいるはずだ。日本で活躍する総合格闘家で、二〇〇六年の大晦日に行われたK－1の試合で、日本を代表する格闘家の桜庭和志と対戦し、物議を醸し

た人物でもある。その彼が今、韓国で話題になり人気沸騰中なのだが、それは一本のトーク番組に出演したのがきっかけだった。二〇〇八年二月末から三月初め、前・後編として二週にわたって放送されたその番組では、在日韓国人の柔道家として日本に暮らし、祖国の韓国に三年間滞在した彼の、夢と挫折が交錯するドラマチックな人生が映し出されていた。

チュ・ソンフンは大阪に生まれた在日韓国人だが、三歳のころから柔道を始め、スポーツ選手なら誰もがあこがれる国家代表の座を夢見ていたという。だが、韓国籍だった彼が日本の国家代表になるのは不可能だった。そこで祖国韓国行きを決意し、韓国の国家代表になることを目指すのだが、またしても壁にぶつかってしまう。韓国スポーツ界（柔道界）における派閥の壁、そして閉鎖的な韓国社会では〝在日〟は異邦人でしかないという壁にだ。三年間の韓国滞在で限界を感じた彼は、二〇〇一年に日本に帰国し、すぐに日本国籍取得に踏み切る。そしてようやく柔道の国家代表の座を手にした。韓国代表としてではなく、日本代表として。翌二〇〇二年にはアジア大会で見事、優勝を果たしている。その大会はいみじくも、韓国・釜山で行われたものだった。釜山は彼が韓国代表を目指して三年間滞在した地でもある。

前出のトーク番組では、このドラマにも勝るドラマチックなストーリーを、本人の言葉を通して率直に、つぶさに語っている。チュ・ソンフン本人の愛嬌のあるキャラクターと、彼の韓国への愛情が視聴者に伝わると、たちまち大変な反響を呼んだのだ。これまで、スポーツ選手としての彼の名は聞いたことがあっても、彼のバックグラウンドを知る人は少なく、その番組を通して初めてチュ・ソンフン個人について、また在日韓国人としての苦悩を知り、あらためて韓国の閉鎖性を考えさせられたという視聴者が多かったようだ。

彼と同じ在日韓国人の私も、この番組を見ながら、韓国に来たばかりのころのことを思い出していた。彼のように国家代表を目指したこともなければ、祖国で何かを成し遂げたい、といった崇高な目標があったわけでもなく、普通にのほほんと留学生として暮らしていたのだが、それでも傷つく一言があった。韓国人の「우리나라 사람 아니죠?（ウリ・ナラ・サラム・アニジョ／我が国の人ではありませんね？）」という何気ない一言だ。買い物をしているとき、タクシーに乗って行き先を告げたとき、美容院に髪を切りに行ったとき、とにかくありとあらゆるシーンで、まずこの質問から始まるのだ。

つまり、見た目は韓国人とさほど変わらないの

に、発音がおかしくてつたない韓国語をしゃべると、韓国人は必ずこう聞いてくる。それはもちろん、彼ら個々人が閉鎖的で外国人を排除しようとしているというわけではなく、ただ、疑問に思ったことは何でも口にして解決したがる人が多く、韓国人の絶対条件は韓国語が流ちょうに話せることだと固く信じている人が多いということなのだ。それをわかってはいながらも、その質問を受けるたびに「ここでもやっぱり異邦人なのだ」と思ったものだ。しかもそう言われるのは、韓国語が下手だと言われているということでもあるので、二重のショックだ。この言葉に疎外感を感じるのは、なにも在日韓国人ばかりでなく、日本やアジアからの留学生など、どの外国人も同じ気持ちのようだ。ある日本人の友人はそう聞かれて、「はい、우리 나라 사람（我が国の人）ではありません」と答えてやったと言っていて、笑ってしまったことがあった。

経済発展に伴う国際化で変化・成熟する韓国社会

韓国人はとにかくこの「우리（ウリ／我が）」という言葉をよく使う。一日百回は口にしているのではないかと思えるほど、何かにつけこの言葉が登場する。まさにこの「ウリ」という言葉は、韓国人や韓国社会を語る上では欠かせな

いキーワードであり、この言葉を基に韓国社会を分析している学者や著述家も少なくない。彼らの分析、私を含めた韓国に暮らす〝異邦人〟の共通の意見は、韓国人は「ウリ」という仲間意識を大事にし、その範ちゅうに入る者に対してはとても優しく親切で、逆に範ちゅう外の者に対しては無関心でときには無礼に映ることもあるという点だ。ウリの範ちゅうは大小さまざまだが、身近なところではウリ家族、ウリ友達、ウリ学校、ウリ会社、ウリ町などがある。韓国人の口からこの「ウリ」という言葉が発せられるたびに、ウリの外側にいる者は疎外感を感じるが、韓国人自体は割とオープンで人懐こい人が多いので、ウリ家族・友達くらいまでなら、〝異邦人〟でもひょいと入り込めて、何食わぬ顔で〝ウリづら〟ができる。しかしウリ国（ウリナラ）になるとつまみ出されてしまうのである。そして残念ながら、在日もこの〝我が国の人〟の範ちゅうに入れてもらえていないというのが私の実感だ。

在日の存在が韓国人の関心外にあったのは、日本と韓国の政治的、歴史的な問題など、さまざまな理由があるのだろうが、何よりも戦後から現在まで、朝鮮戦争という同族同士の戦争を経験し、そこから経済復興、民主化を目指し、がむしゃらになっていた韓国は、自国の外側に目を向けるゆとりがなかったのだと思う。韓国の外に対する無関心は、在日同胞だけでなく、中国の朝鮮族、周辺アジア諸国に対してもいえることだ。だが一九八八年のソウルオリンピックを期に、目覚ましい発展を遂げた韓国は、現在はGDPにおいて世界十位前後にランキングされるほどに成長している。それに伴い、周辺諸国からの外国人労働者も急増し、一九九〇年には人口の〇・一パーセントだった外国人が、現在は一・八五パーセントにも上る。国際結婚も増え、韓国に居住する外国人の国籍は約二百カ国にもなるという。韓国はすでに〝我が国の人〟だけのものではなく、多文化社会に突入しているのだ。だとすると、この「ウリ」の概念もグローバル化が余儀なくされるはずだ。

冒頭に紹介したチュ・ソンフンだが、二〇〇二年の釜山アジア大会で優勝した当時、実は韓国では「祖国を捨て、日本に寝返った裏切り者」といったような、猛烈なバッシングを浴びていた。その六年後、同じ人物の話を冷静に受け止め、自国を省みることができるようになったのは、韓国社会が以前より成熟した表れではないだろうか。さらには、こんなにドラマチックなモチーフを放っておく手はないと、ドラマ化の企画まで進んでいるという。どんなドラマになるのか、楽しみだ。

目指すはトップ
社会の根底に潜むウリ意識

韓国人のウリ意識（仲間意識）を理解すると、彼らのさまざまな行動パターンの謎が解けるようになる。これまでも、韓国人は教育熱心で学閥を重視するという話をしてきたが、それもその根底にはこのウリ意識が潜んでいるからだと言える。韓国社会で成功するためには、少なからず縁故、つまりコネの有無が重要な要素となる。コネ＝ウリとも取れるのだが、まずは大学に入り、学閥というウリの仲間に入ることが成功の鍵を握るとされる。当然一流大学であればあるほど、エリートへの近道になる。だからみんな狭き門の一流大学を目指すのであり、それにはし烈な受験戦争が伴うのだ。特に〝一等志向〟の強い韓国では、一流大学の学閥におけるウリ意識は、それは固い絆で結ばれている。何事においても一位がすべてで、二位以下は認めないというのが韓国社会でもある。だから成功するために、なんとしてでも一位集団のウリになろうとする意識が働くのだ。

ウリ意識は政治の世界でも例外ではない。二〇〇八年からイ・ミョンバク大統領の新政権がスタートしたが、同時に誕生したのが고소영（コ・ソ・ヨン）という造語だ。コ・ソヨンと

いう有名女優の名をもじったこの言葉は、イ・ミョンバク大統領が属する高麗大学・ソマン教会・嶺南《ヨンナム》地方出身者を指し、大統領が任命した閣僚や側近の多くがこのうちの一つに当てはまることから生まれた言葉だ。さらにソウル市庁を表すSが加わり、大統領側近のことを〃コソヨンSライン〃とも呼んでいる。学閥・同じ教会・地元・かつての同僚というさまざまなウリが影響力を行使していることが分かる。

韓国の芸能人に大卒者が多いのも同じ脈絡から理解できるのではないだろうか。韓国には中央大学、東国大学など、演劇映画科が有名な大学がいくつか存在するが、そこから多くの監督や俳優が輩出されている。芸術活動をする上でも同門というウリ関係があったほうが有利に働くことも多いようだ。芸能人でも、高卒より大卒のほうがハクが付くというのもある。

韓国社会ではウリの関係をいかに形成し、維持していくかが重要なポイントになる。自分や相手のウリの範囲を広げるという意味で、お互いの知人を紹介し合うことも多い。それは必ずしもコネを広げるという計算が働いているのではなく、自分の物を相手と共有したいという意識からのように思える。だから韓国人は、〃自分（の物）〃を見せたがらない傾向にある日本人に対し、寂しいと感じることも多いのだ。

「おわりに」

この本は、二〇〇四年から『もっと知りたい！韓国TVドラマ』に掲載された「なぜなにKOREA」を加筆・修正したものと、書き下ろしコラムで構成されています。そもそも「なぜなにKOREA」を書くきっかけになったのは、編集長の丸山幸子さんの「韓国って、人の呼び方がたくさんあるよね」という素朴な疑問からでした。そしていとも簡単に「あなた、書いてみてよ」と言われ、その一言で、ライターとしての経験がまったくなかった私ですが、以降、現在まで四年あまりも連載を続けさせていただくことになりました。

二〇〇四年というと、ちょうど韓流ブームに火が付き、日本の方の韓国への関心が高まり始めたころでした。個人的には韓国に暮らして満六年がたっていたので、韓国や韓国人に対してそれほど新鮮さを感じなくなっていた時期でもありました。そんなときに、韓国ドラマがきっかけで、丸山編集長をはじめ多くの日本の方から韓国についてよく質問されるようになりました。自分にとっては当たり前になりつつあった韓国の風習・文化、韓国人の不可思議な行動が、直接韓国や韓国人に触れたことのない隣人にとっては、不思議であり、面白くもあるのだということに気付きました。

「なぜなにＫＯＲＥＡ」では、韓国ドラマを愛する日本の視聴者・読者の皆さんと同じ目線で、そして韓国で暮らし始めて間もないころの自分にかえり、韓国の不思議と魅力を探って読者にお伝えしたいと思いました。この本により、読者の皆さんが少しでも、今までより韓国のことがわかるようになったと思ってくださったら幸いです。また本書の書き下ろしコラムは、「なぜなにＫＯＲＥＡ」よりさらにディープな〝韓国〟をお伝えしたいという思いで執筆しました。

最後になりますが、執筆の機会を与えてくださり、書くことの楽しさを教えてくださった丸山幸子編集長に心から感謝します。本書の編集を担当してくださった依田さん、杉原さん、イラストのジソンさん、ありがとうございます。『もっと知りたい！韓国ＴＶドラマ』の日本と韓国の全スタッフ、ウォン先輩、ソヨンさんにお礼を言います。また読者の皆さんの「面白かった」という言葉が何よりの励みになりました。そして親愛なる日本の家族に感謝します。皆さん、カムサハムニダ！

二〇〇八年　六月

呉華順

呉　華順（オ・ファスン）
1973年1月10日東京生まれの在日コリアン三世。AB型。96年青山学院大学法学部卒業後、98年から韓国の語学学校で韓国語を学び、02年慶熙大学大学院卒業。その後、韓国の大学や外交通商部などで日本語講師を務める傍ら、日本の韓流ブームとともに、フリーライター・翻訳・通訳として活躍。韓国料理を食べるのも作るのも好き。趣味は旅行、ソウルの街をぶらぶらすること。訳書に「旅立ち」（ソン・スンホン著、excite刊）ほか。

なぜなにコリア

発行日　二〇〇八年八月五日　初版第1刷発行
著者　呉　華順（オ・ファスン）
発行人　中西　享
発行所　株式会社共同通信社（K.K.Kyodo News）
〒105-7208
東京都港区東新橋1-7-1
汐留メディアタワー
営業　03-6252-6021
編集　03-6252-6023
郵便振替　00160-7-671
印刷所　大日本印刷株式会社

＊本書は、「もっと知りたい！韓国TVドラマ」に連載した「なぜなにKOREA」を加筆・修正したものです。
乱丁・落丁本は郵送料小社負担でお取り換えいたします。
ISBN978-4-7641-0593-5　C0095
＊定価はカバーに表示してあります。